ILLUSTRATION.
DAS IDEENBUCH

First published in 2018 by Laurence King Publishing Ltd., London.
Bildredaktion: Peter Kent
Lektorat: Felicity Maunder
Design: Alexandre Coco

Titel der Originalausgabe: The Illustration Idea Book

Bibliografische Information der Deutschen Nationalbibliothek
Die Deutsche Nationalbibliothek verzeichnet diese Publikation in der Deutschen Nationalbibliografie; detaillierte bibliografische Daten sind im Internet über http://dnb.d-nb.de abrufbar.

www.stiebner.com

Übersetzung aus dem Englischen:
Mareike Weber
Satz und Redaktion der deutschen Ausgabe:
Verlags- und Redaktionsbüro München,
www.vrb-muenchen.de

ISBN 978-3-8307-1447-7
Printed in Hong Kong

ILLUSTRATION. DAS IDEENBUCH

INSPIRATION VON 50 MEISTERN

Steven Heller und Gail Anderson

stiebner

Inhalt

Mit Karikaturen experimentieren

Mit Klischees spielen

Symbole und Metaphern

Daten visualisieren

Einleitung:
Illustration – das Beste herausholen

Es ist nicht einfach, markante Konzepte für Illustrationen zu entwerfen, die genau ins Schwarze treffen. Während manche Illustratoren ihre Aufgabe scheinbar mit spielerischer Leichtigkeit erfüllen, verbringen andere viel Zeit damit, immer neue Ideen aufs Papier zu bringen und sie anschließend wieder zu verwerfen. »Etwas auszuprobieren« ist die Grundlage jedes kreativen Prozesses – eine intellektuelle und intuitive Fähigkeiten vereinende kreative Übung.

Bei einer guten Auftragsillustration geht es darum, die anvisierte Ziel-gruppe auf vielen Wahrnehmungs- und Verständnisebenen zu erreichen – erklärend oder kommentierend, unterhaltsam, erfinderisch oder reflektierend. Dabei konzentriert man sich auf das Wesentliche, spitzt zu, formuliert klar verständliche Botschaften – und bringt lange Geschichten genau auf den Punkt. Oft greift dabei auch ein Art Director in den Arbeitsprozess ein

– aber ein guter Illustrator weiß selbst, wann ihm etwas gelungen ist (und ein guter Art Director weiß, wann er sich besser zurückhalten sollte).

Talent, Geschick und Übung machen aus einem guten Zeichner einen guten Illustrator. Wie in jeder Kunstform gibt es auch beim Illustrieren Regeln, und wie bei jeder guten Kunst kommt es auch in der Illustration darauf an, diese Regeln zu kennen, um sie anwenden und – kreativ brechen zu können. Denn: Eine Illustration, die alle Regeln befolgt, ist noch nicht zwangsläufig auch eine gute Illustration.

Vor allem aber: Kunst braucht Inspiration. Das gilt auch für die in diesem Buch vorgestellten Illustratoren. Sie sind alle Meister ihres Fachs, die sich selbst in ihrer ganzen Karriere immer wieder neu inspirieren ließen – und deren Arbeiten nun auch Ihnen eine wertvolle Inspirationsquelle sein werden: Holen Sie das Beste aus sich heraus!

Mit Schriftarten spielen

Yuko Shimizu / Andy Gilmore / Jon Gray / Lorenzo Petrantoni / Martha Rich / Maurice Vellekoop

Stimmungen erzeugen
Wenn die Hand mächtiger ist als der Buchstabe

Illustrierte Buchstaben werden bei der Gestaltung von Buchcovern oft als symbolischer Ausdruck des Inhalts verwendet, der über die eigentliche Bedeutung der Wörter hinausgeht. So ist es bei Yuko Shimizus Cover für »A Wild Swan«, Michael Cunningshams 2017 auch auf Deutsch (»Ein wilder Schwan«) erschienener Sammlung düsterer Märchen, die für die Erwachsenen von heute modernisiert und – ebenfalls von Yuko Shimizu – neu illustriert wurden. Das Cover der Originalausgabe sollte diese fantastische Stimmung übermitteln, gleichzeitig aber deutlich machen, dass es kein Kinderbuch ist.

Das an sich schon unheimliche Märchen der eingesperrten Rapunzel ist eine dieser düsteren Geschichten. Art Director Rodrigo Corral traf die Entscheidung, den Fokus des Covers der Originalausgabe auf ein Detail der Rapunzelgeschichte als das Wesentliche zu legen. Er beauftragte die in New York lebende Japanerin Yuko Shimizu damit, das Lettering zu gestalten und Rapunzels Haar als Grundelement zu verwenden. »Rodrigo wusste, dass ich viele Bilder gezeichnet habe, auf denen Frauenhaar zu sehen ist«, erklärt Shimizu, deren Stil ein bisschen an den britischen Illustrator Aubrey Beardsley (1872–1898) erinnert.

Der nächste Schritt war die Kreation des ungewöhnlichen Lettering, das grazil, feminin und klassisch, dabei aber auch modern und etwas düster angelegt werden sollte. Die Schrift in Schwarz auf Weiß zu zeichnen, trug zum gewünschten Look bei, ebenso der feine und doch wilde Stil ihrer Gestaltung. Neben dem drahtigen Haar ist ein Schwan auf den Schutzumschlag geprägt, der nur dann ganz sichtbar ist, wenn der Leser den Umschlag abnimmt und ausklappt. »Wir hofften, die Leser würden die Message verstehen«, sagt Shimizu. »Die Geschichten sind sehr subtil, und das repräsentiert das Cover.«

Corrals Team stellte die Basis-Schrifttype zur Verfügung, und Shimizu zeichnete ihre Haarmuster darüber. Sie selbst ist keine Typografin, hat aber schon oft mit begabten Typographen zusammengearbeitet, um ein Lettering zu gestalten: »Ich glaube, dass sich der Einzelne ganz auf seine Stärken konzentrieren und sich bei seinen Schwächen von anderen helfen lassen sollte, die genau da ihre Stärken haben. In der Kombination lässt sich so das Beste herausholen.«

Verschiedene Wege zu finden, Ideen durch ein geschicktes Lettering zu illustrieren, kann gut Stimmungen erzeugen und bietet eine kluge Möglichkeit, Wort und Bild eins werden zu lassen.

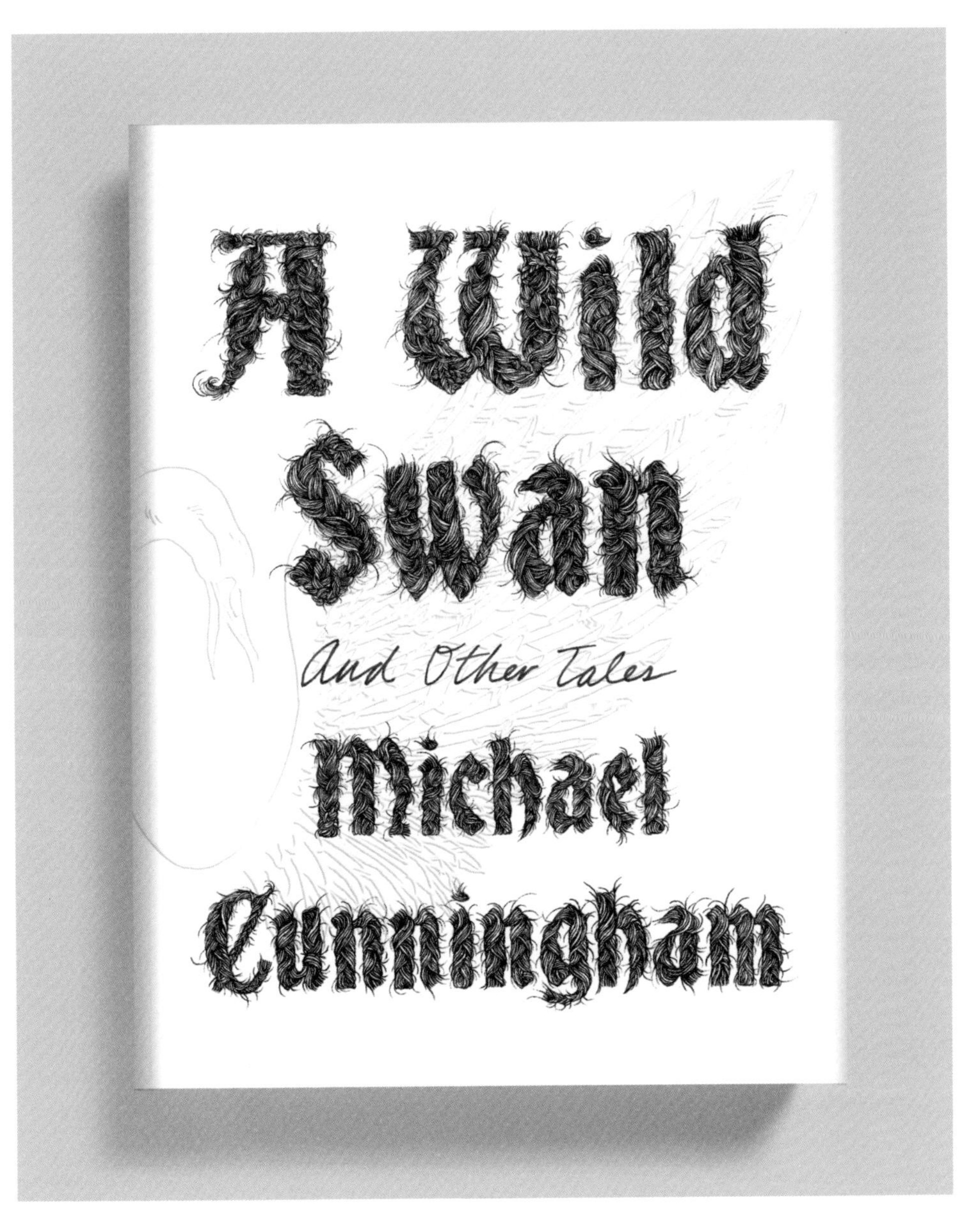

⊠ Yuko Shimizu, 2015
A Wild Swan, Buchumschlag
Farrar, Straus and Giroux
Art Director: Rodrigo Corral

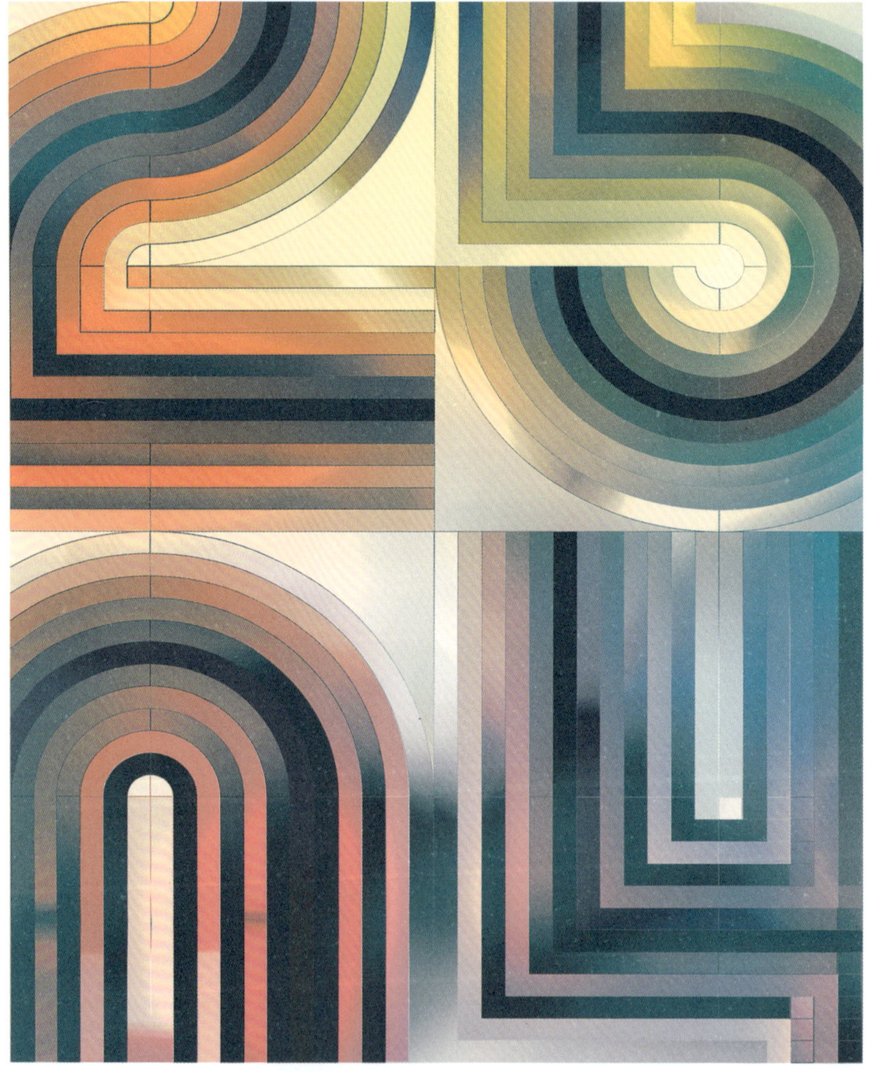

WIRED

ANDY GILMORE

Erfinderische Ziffern
Zahllose Wege, Zahlen zu zeichnen

Zahlen sind im Leben und in der Literatur ebenso wichtig wie Buchstaben. Und doch haben gezeichnete Ziffern aus irgendeinem Grund nicht den gleichen Stellenwert wie gezeichnete Buchstaben. Komisch. Das Gestalten von Zahlen ist ebenso sinnlich und konzeptionell außergewöhnlich wie das Gestalten egal welchen Alphabets, und die Möglichkeiten sind unendlich.

Als der in Rochester, New York, lebende und arbeitende Illustrator Andy Gilmore den Auftrag bekam, eine Zeichnung für die Ausgabe Nr. »25.04« des Magazins »Wired« zu kreieren, machte man ihm keinerlei konzeptionelle Vorgaben. Man kannte seine meist geometrisch angelegten, eine perfekte Synchronisation von Farbe und Form erzielenden Arbeiten, von denen oftmals eine geradezu hypnotische Wirkung ausgeht, und ermutigte ihn, seinem ganz persönlichen Stil treu zu bleiben.

Gilmore erklärt dazu: »Ich lasse mich nicht vom bereits Vorhandenen beeinflussen, wenn ich Buchstabenformen gestalte – ich lege einfach los und sehe, was dabei herauskommt.« Ein bisschen erinnern seine Zahlen an die Werke von Paul Klee, insbesondere in ihrer lebhaften Farbgebung. Neben der linearen Komposition ist es vor allem diese Farbgebung, die diesen Ziffern ihren Charakter und ihre Ausstrahlung verleiht.

☒ Andy Gilmore, 2017
»WIRED 25.04 Splash Page«
Magazin *Wired*
Art Director: Mike Ley

Unerwartete Materialien
Den gezeichneten Buchstaben personalisieren

Wir neigen dazu, beim Hand Lettering an klassische Buchillustrationen oder Variationen davon zu denken. Man stelle sich ein Gewölbe mit mittelalterlichen Schreibern in Mönchskutten vor, die sich mit Feder oder Pinsel in der Hand über Tische beugen, um dekorative Initialen auf alte Manuskripte zu zeichnen und sie anschließend zu kolorieren und zu schattieren. Man kann sich beim Lettering aber auch ganz von der traditionellen Buchmalerei entfernen. Jon Grays Pseudo-Typografie für dieses Taschenbuchcover ist aus Post-it-Notizzetteln gemacht – eine Collage aus gleich großen Schnipseln bunten Papiers.

Es gab einen logischen Grund für diese Lösung. Sie spielt auf die 388 Fußnoten an, die eine Schlüsselrolle beim Lesen von »Infinite Jest« (deutsch: »Unendlicher Spaß«), David Foster Wallaces tausendseitigem literarischen Meisterwerk von 1996 einnehmen, außerdem nimmt es Bezug auf die ursprünglich himmelblau gestalteten Cover früherer Buchausgaben.

»Das Konzept wurde genau auf dieses eine Buch zugeschnitten«, sagt der britische Design-Guru und Buchgestalter Jon Gray. »Ich würde diese Idee für kein anderes Projekt verwenden.« Es demonstriert die Vorstellungskraft und technische Bandbreite des Illustrierens – nicht nur als Bildmedium, sondern auch als Annäherung ans Lettering, insbesondere bei der Verwendung ungewöhnlicher Materialien. »Alle Formen stehen in engem Zusammenhang mit dem Inhalt des Buchs.«

Ein weiterer Grund, warum Gray diese besondere Herangehensweise wohl für kein anderes Projekt mehr wählen möchte, ist, dass das Kunstwerk zwei Meter hoch wurde und er drei Tage brauchte, um es herzustellen. Doch das Ergebnis überzeugt: Auch auf Buchcovergröße verkleinert hat sein Werk immer noch etwas Monumentales.

☒ Jon Gray, 2016
Infinite Jest, Buchumschlag
Little, Brown and Company
Art Directors: Mario Pulice
und Nico Taylor

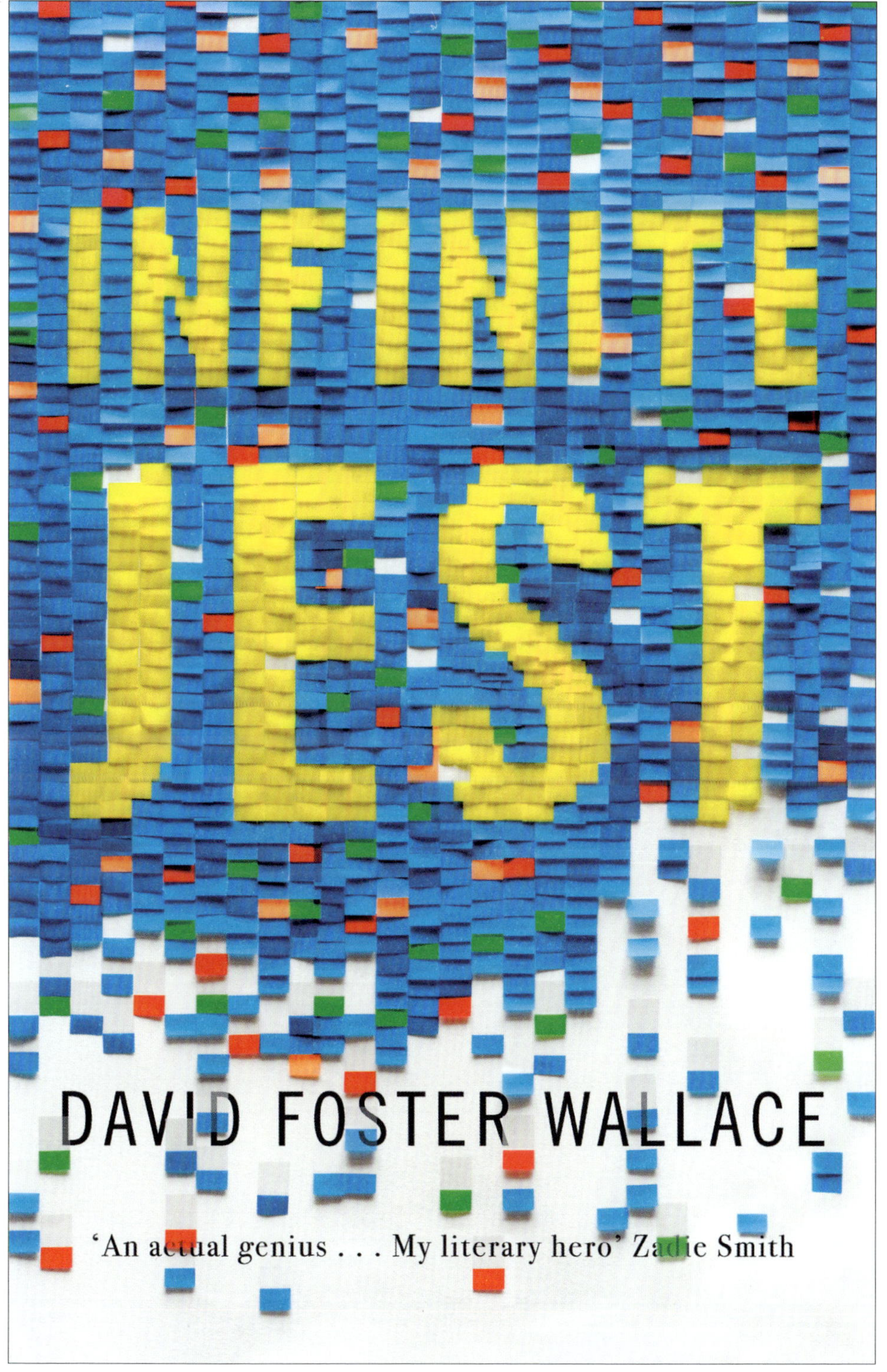
INFINITE
JEST
DAVID FOSTER WALLACE
'An actual genius . . . My literary hero' Zadie Smith

Typografisches Wirrwarr
Je mehr Durcheinander, desto besser

Poster aus dem 19. Jahrhundert zeigten oft eine Anhäufung verschiedenster typografischer Stile und Bilder, die meistens als Kupferstich oder Holzschnitt gefertigt wurden. Warum? Damals war die Drucktechnik noch so aufwendig und kostenintensiv, dass ein Drucker häufig nicht genug Material für alle Buchstaben hatte. Was also im späten 20. Jahrhundert ein modischer Trend wurde – das Wiederverwenden gebräuchlicher Formen –, war in früheren Jahren schlicht eine Notwendigkeit.

Von diesen Postern ließ sich der italienische Künstler Lorenzo Petrantoni für (s)einen (Un-)Kalender inspirieren, den er für eine Druckerei gestalten sollte. Mit einer Vielfalt von Schriftarten und Clip-art-Gravuren schuf er eine zeitgenössische Hommage an die historischen Gestaltungsformen.

Seine Absicht war, einen attraktiven, funktionalen Gegenstand zu gestalten, den die Menschen jeden Tag benutzen: »Ich wollte ein zeitgenössisches Objekt mit Bildern und Schrifttypen aus der Vergangenheit dekorieren – lebende Geschichte.« Und auch, wenn sie auf den ersten Blick ein bisschen chaotisch wirken mag, ist seine Illustration doch eine wohlproportionierte, symmetrisch hochdisziplinierte Zusammenstellung verschiedener exakt ausgewählter, collagenartig angeordneter Buchstaben und Bilder. Er verwendete dafür sowohl handgemalte Buchstaben als auch gewöhnliche Fonts in einer typografischen Inszenierung, die seine Idee perfekt umsetzt.

⊠ Lorenzo Petrantoni, 2016
»Uncalendar 2017«
Alecom

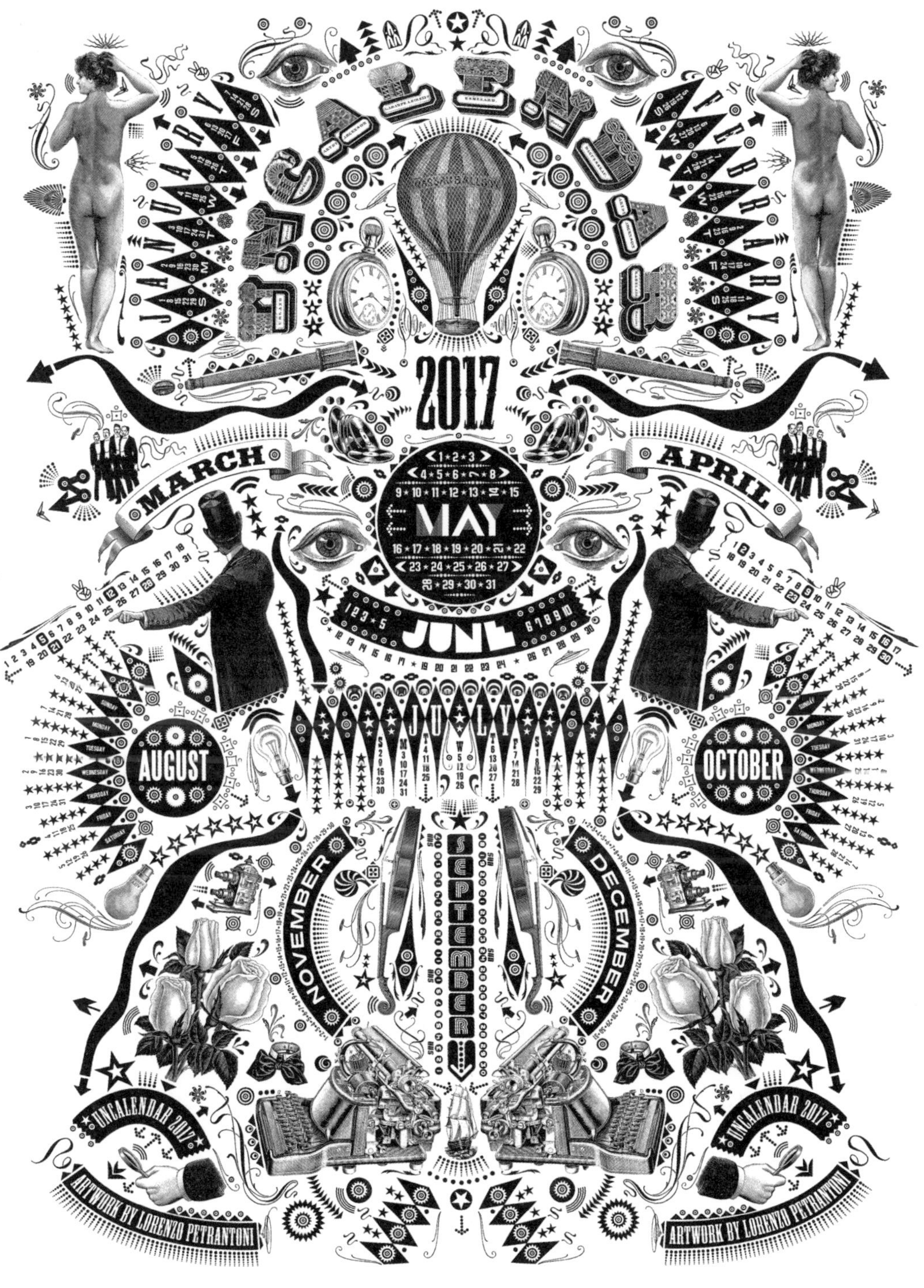
JANUARY
FEBRUARY
2017
MARCH
APRIL
MAY
JUNE
JULY
AUGUST
OCTOBER
NOVEMBER
SEPTEMBER
DECEMBER
SUNDAY
MONDAY
TUESDAY
WEDNESDAY
THURSDAY
FRIDAY
SATURDAY
UNCALENDAR 2017
ARTWORK BY LORENZO PETRANTONI
UNCALENDAR 2017
ARTWORK BY LORENZO PETRANTONI

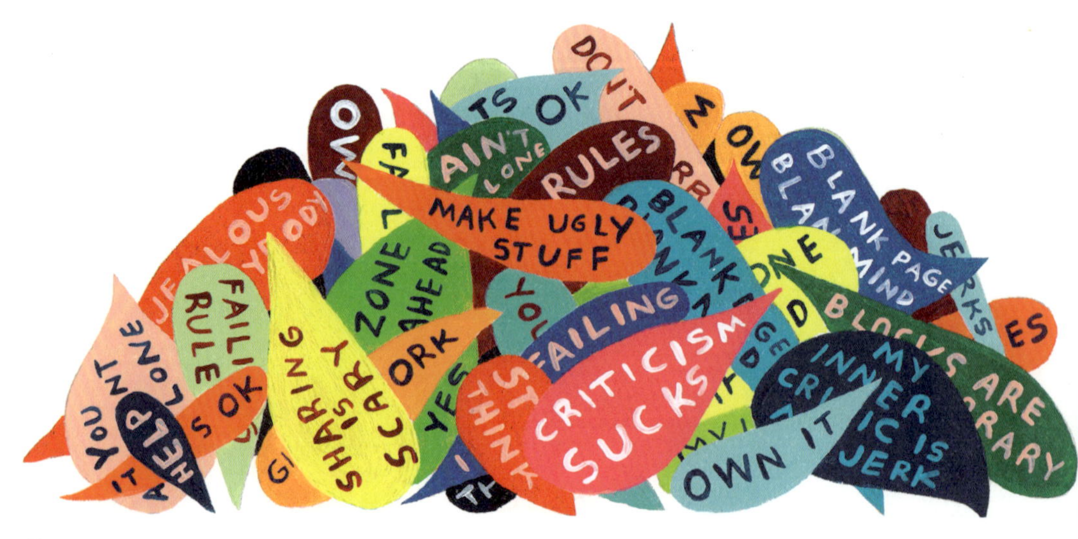
DON'T
TS OK
AIN'T
LONE
RULES
MAKE UGLY
STUFF
JEALOUS
BLANK PAGE
BLANK MIND
JERKS
ZONE
AHEAD
FAILING
CRITICISM
SUCKS
SHARING
IS
SCARY
ORK
YES
THINK
OWN IT
MY
INNER
CRITIC IS
JERK
BLOCKS ARE
RARY
ES
HELP
ALONE
S OK
FAILI
RULE

Sprechblasen
»Durch die Blase« sprechen

Der Brauch, Sprechblasen in der Kunst zu verwenden, begann mit Linien, die von Wörtern zu den Mündern der Sprechenden führten, und geht zurück auf Kunstwerke etwa aus dem 7. Jahrhundert Ähnlich gestaltete Verbindungslinien fand man im 16. Jahrhundert; im 18. Jahrhundert waren sie auch in Cartoons in England und anderen Ländern üblich. Im späten 19. und frühen 20. Jahrhundert wurden sie für die illustrierte Sprache von Comics gebräuchlich: als Sprechblasen.

Diese Illustration eines farbenfrohen Haufens von Sprechblasen der US-amerikanischen Künstlerin Martha Rich wurde für ein Buch geschaffen, in dem es um die verschiedensten Formen von Ausreden geht – dafür, warum man gerade kein grandioses Kunstwerk schaffen kann. »Auch ich habe immer mal wieder Zeiten«, meint Rich dazu, »in denen ich mir Ausreden einfallen lasse, um Zeit für neue Kreativität zu gewinnen.«

Danielle Krysa, die Autorin des Buchs, hatte alle ihre social-media-Follower geben, ihr solche Ausreden zu schicken. Sie war überwältigt von der Reaktion – manche Texte in den Sprechblasen sind wörtliche Zitate. Da die Verwendung solcher Blasen eine so allgemein gebräuchliche Methode ist, Sprache (oder Gedanken) darzustellen, war es logisch, dass jeder den Bezug verstehen würde. Das Einfärben der Blasen deutet die unterschiedlichen Sprecher an – es entsteht der Eindruck eines Stimmengewirrs.

Die einfache Idee, Sprechblasen zu verwenden, wurde sehr geschickt umgesetzt. Rich arbeitete eng mit Krysa zusammen – tatsächlich war es die Idee der Autorin, alle Sprechblasen auf der Seite übereinanderzuhäufen, was letztendlich ein stimmiges Bild ergab.

☒ Martha Rich, 2016
»Excuses«, Illustration
für *Your Inner Critic is a Big Jerk*
Chronicle Books

Hand Lettering
Ungleich gearbeitete Formen

Hand Lettering verändert sich ständig, ebenso wie die Mode, die gesellschaftlichen und anderen Trends folgt. An einem Tag ist der Stil sehr geometrisch, am nächsten völlig losgelöst und frei. Buchstaben wurden schon in allen Formen und Größen gezeichnet, geschnitzt und graviert – viele davon als Grundlage allgemein gebräuchlicher Schriften. Tatsächlich wurden einige der schönsten je gestalteten Schriften von Hand entworfen.

Die Handschrift erlebt gerade eine Renaissance. Zwar ist das Zeichnen am Computer nicht weniger kompliziert als das auf Papier, aber der Umgang mit dieser Technologie mindert das Glücksgefühl, das sich beim herkömmlichen Zeichnen von Hand einstellt. Auch deshalb geht der Trend dazu, sich von allen Zwängen der Technologie zu befreien, selbst wenn das manchmal nur eine Illusion sein mag.

Als der kanadische Künstler Maurice Vellekoop beauftragt wurde, das Cover und die erste Seite eines sehr persönlichen Buchprojekts – eine Art Märchen für Erwachsene mit einer seltsamen Wendung – zu gestalten, setzte er sich zunächst an den Computer. Doch es gelang ihm nicht, seine Vorstellungen von einer wie geschnitzt wirkenden Schrift umzusetzen. Daraufhin besann er sich doch wieder auf die traditionellen Arbeitsweisen: Seine Buchstaben sind nicht nur handgezeichnet, sondern auch anders als in den üblichen Proportionen gestaltet – was tatsächlich den Eindruck erweckt, als wären sie mit einem Messer aus Holz geschnitzt worden.

Um den gewünschten Effekt zu erzielen, ließ sich Vellekoop von alten handgezeichneten Arbeiten inspirieren, etwa von dem englischen Illustrator, Karikaturist und Maler Richard Doyle (1824–1883), der auch unter dem Pseudonym »Dick Kitcat« arbeitete. So entstand ein einzigartiger Schriftstil, der wie ein Echo aus der Vergangenheit schallt, ästhetisch und konzeptionell aber allein ihm zuzuschreiben ist. Sicherlich kann man Schriftarten mit zufälligen und sehr ungewöhnlichen Eigenheiten auch am Computer erzeugen, aber von Hand wirken sie in der Regel viel authentischer.

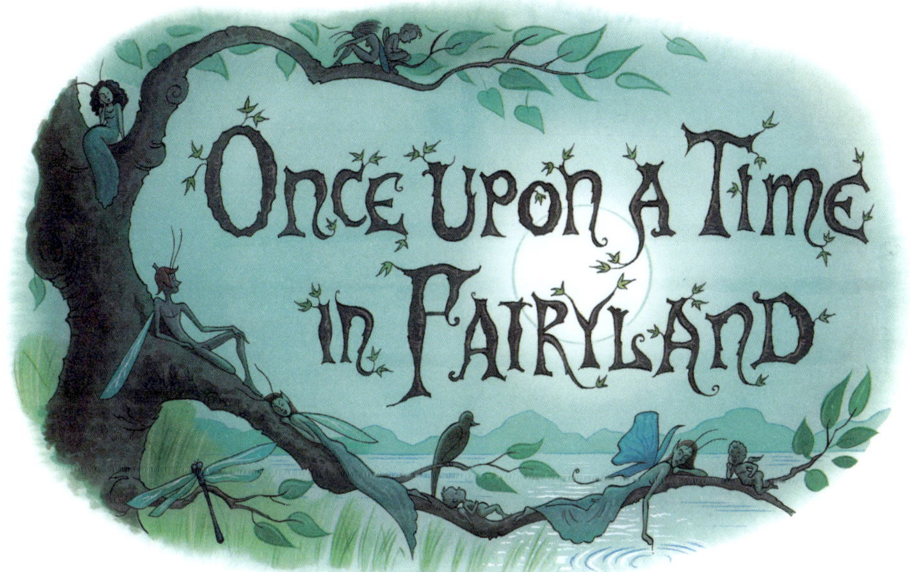

⊠ Maurice Vellekoop, 1996
»Once Upon a Time in Fairyland« (unveröffentlicht)

Figuren schaffen

Marion Deuchars / Marc Boutavant / Eric Carle / Nicoletta Ceccoli / Shonagh Rae / Serge Bloch / Anastasia Beltyukova / Anita Kunz / David Plunkert

Emotional ansprechende Tiere
Ausdruck durch Gesicht und Körper

Anthromorphismus, also das Übertragen menschlicher Eigenschaften auf Tiere, ist ein beliebtes Thema für Illustratoren. Weit verbreitet ist die Verwendung in Kinderbüchern, aber Tiere mit menschlichen Charakterzügen sprechen jedes Publikum an.

Marion Deuchars Kinderbuch »Bob the Artist« über einen künstlerisch talentierten Vogel gefällt auch Erwachsenen. Es ist sehr unterhaltsam, spricht aber auch das ernste Thema Mobbing an. Die britische Illustratorin wollte die Gefühlsschwankungen des vermenschlichten Vogels zeigen, der von anderen geneckt wird. Dabei klingt auch Autobiografisches an: »Mit zwölf war ich ein Wildfang. Ich weiß noch, wie ich zum ersten Mal einen Rock anzog, um damit durch den Park zu gehen. Eben noch dachte ich für mich, ›sieh mal an, das ist doch gar nicht so schlecht, ich sehe okay aus‹, als ich auf einmal ein paar Mädchen kichern hörte. Sie zeigten mit dem Finger auf mich und riefen mir zu, ›das sind die dürrsten Beine, die wir je gesehen haben‹. Danach habe ich lange keinen Rock mehr getragen.«

Bob hat genauso dürre Beine. Auf der hier gezeigten Doppelseite sieht man, wie Bob eben noch gut gelaunt ist, dann aber traurig weitergeht. Zeichnerisch ausgedrückt wird dieser Gefühlsumschwung durch die Winkel und die Haltung seiner langen Beine und seines Körpers. Die mit Fingerabdrücken dargestellte Katze, die sich über ihn mokiert, wirkt finster – man beachte den Ausdruck in ihren Augen. Die Eule dagegen, mit verschmierten Pinselstrichen illustriert, sieht ein bisschen betreten aus, als würde sie das, was die Katze sagt, nur nachplappern, um nicht auch von ihr kritisiert zu werden.

Der Vogel Bob erweckt sofort Empathie im Betrachter. Wer erinnert sich nicht, an das Unbehagen eines unsicheren Teenagers?

»Es ist fast, als würde man vergessen, wie man läuft, als ob die Gliedmaßen aus Gummi wären und nicht richtig funktionierten.«

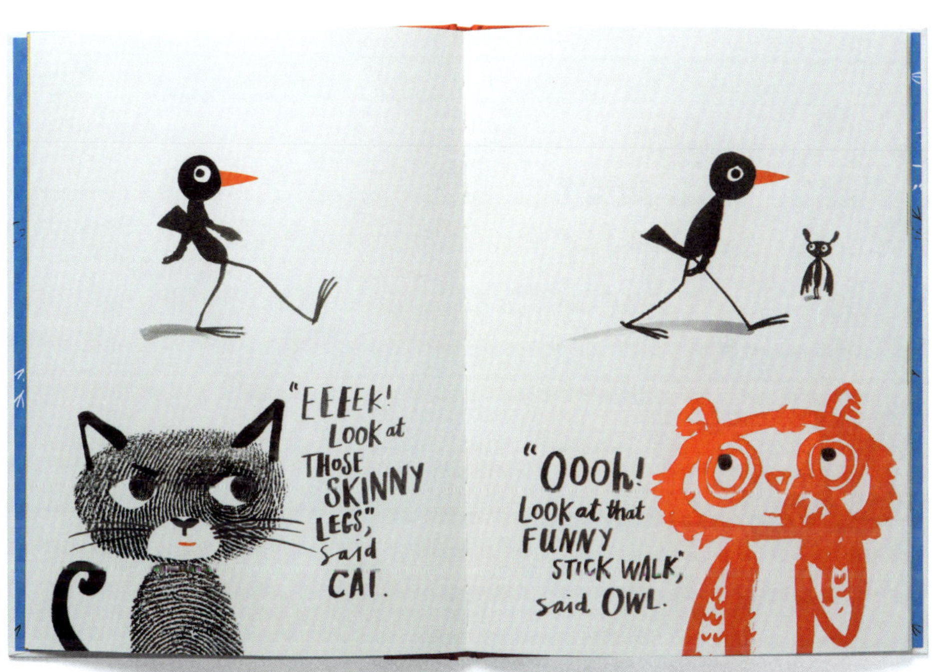

☒ Marion Deuchars, 2016
»Bob the Artist«
Laurence King Publishing

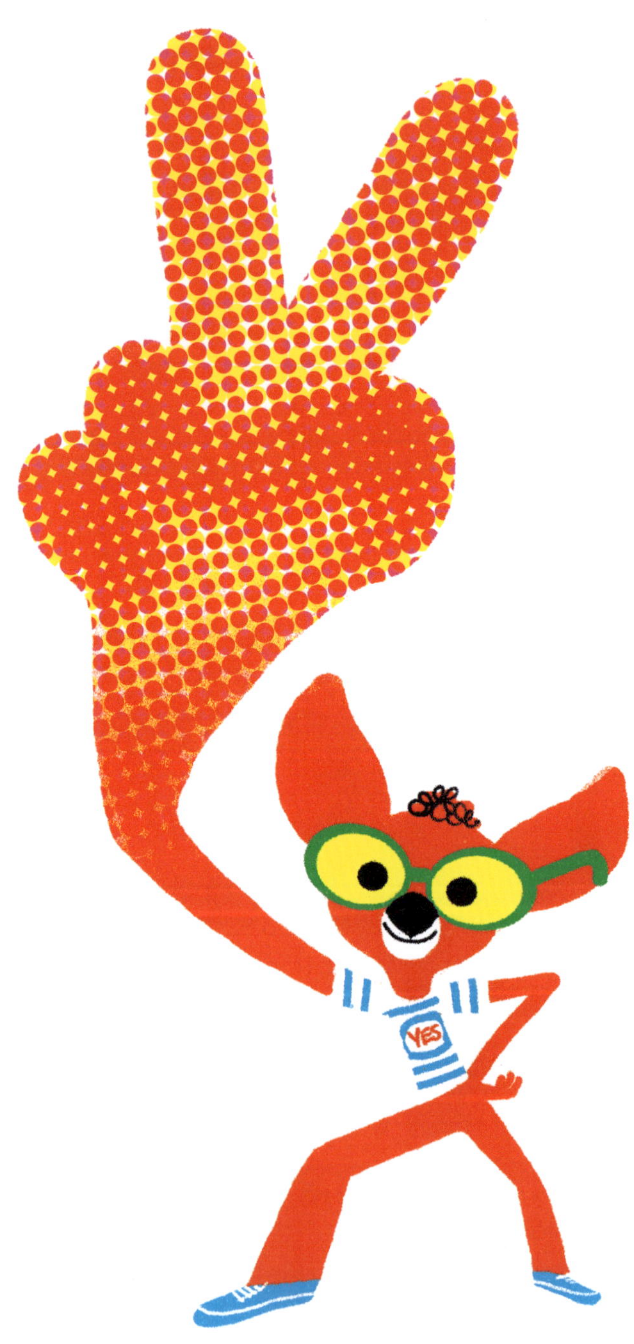
YES

Voll auf die Zwölf
Eine direkte Message

Manchmal ist die durch eine Zeichnung vermittelte Botschaft wichtiger als die Kunstfertigkeit ihrer Darstellung. Wenn man sich dabei beispielsweise auf ein oder zwei wesentliche Attribute konzentriert, kann das einer Figur schon wichtige Charakterzüge verleihen. Marc Boutavants »Yes Fox« ist eine von 15 Illustrationen, die der französische Künstler für die Zeitung *Libération* entwarf und die sommerliche Festivalaktivitäten zeigen. »Dieser Typ könnte jeder sein«, sagt Boutavant über seinen Fuchs, »und er ist bereit, sein gewöhnliches Leben hinter sich zu lassen.«

In der Einfachheit der Darstellung befördert der Tiercharakter die Botschaft schneller, deutlicher und humorvoller, als wenn Boutavant eine menschliche Figur verwendet hätte. Zudem wollte er den Lesern inmitten dieser ansonsten überwiegend grau erscheinenden, kleingedruckten Zeitungsseiten ein Gefühl des Sommers vermitteln. Also wählte er einige besonders kräftige, sonnige Farben aus, die seinen Fuchs förmlich aus der Seite springen lassen. Die übertrieben dargestellte Geste des ein fröhliches Victoryzeichen machenden Fuchses in seinem auffallend roten Fell diente als Eyecatcher und überbrachte eine frohe Botschaft.

»Ich weiß, dass das eine seriöse Zeitung für seriöse Leser ist«, meinte Boutavant, aber auch diese Leser würden bald ziemlich lustig aussehen, wenn sie in der Sommerhitze mit Schlabber-T-Shirts und bequemen Schuhen herumlaufen. So beschwört sein Bild nicht nur die Wärme und Helligkeit des Sommers, sondern auch eine heitere Leichtigkeit herauf.

☒ Marc Boutavant, 2010
»Yes Fox«
Libération

Liebenswerte Kreaturen
Ins Herz von Millionen kriechen

Eric Carles Pappbilderbuch »The Very Hungry Caterpillar« (deutsch: »Die kleine Raupe Nimmersatt«), 1969 erstmals veröffentlicht und im selben Jahr auch auf Deutsch bei Gerstenberg erschienen, wurde weltweit mehr als 30 Millionen Mal verkauft und begeistert bis heute (nicht nur) kleine und große Kinder.

Ungewöhnlich ist die Entstehungsgeschichte dieses Kinderbuchbestsellers. Auf die grundlegende Idee kam Eric Carle, der damals noch als Werbegrafiker arbeitete, als er mit einem Locher einen Stapel Papier lochte, um diesen abzulegen. Zunächst dachte er an eine Geschichte über einen Bücherwurm. Daraus wurde ein grüner Wurm und schließlich auf Empfehlung seiner Redakteurin eine Raupe. Diese Raupe war ein bisschen pummelig und so liebenswert, dass sich Kinder überall auf der Welt sofort damit identifizieren konnten.

Die sehr aufwendige und teuere Produktion des Pappbilderbuches mit seinen ausgestanzten Löchern und collageartigen Illustrationen bedeutete für den Verlag eine große Herausforderung – aber die Investition lohnte sich: Nicht zuletzt trugen diese Spezialeffekte zur Freude am Lesen bei.

Eric Carle selbst sieht sich zuerst als Grafikdesigner, der es liebt, mit den dabei verwendeten Materialien umzugehen – etwa das »Papier in die Länge zu dehnen, seine Oberfläche, seine Größe, seine Löcher etc. zu fühlen«. Als Sohn deutscher Auswanderer im Jahr 1929 in den USA geboren, kehrte seine Familie 1935 nach Deutschland zurück. Von den Köstlichkeiten, die seine kleine, aber sehr hungrige Raupe Nimmersatt verspeist, konnte der kleine Eric nur träumen.

Entscheidend für den weltweiten Erfolg des Buches aber ist wohl vor allem sein universelles Thema: Mit seiner kleinen Raupe Nimmersatt schuf Eric Carle eine die Freuden und Leiden des Erwachsenwerdens illustrierende Geschichte, die jeden Menschen anspricht. Überall auf der Welt. Oder um es in seinen eigenen Worten zu sagen: »Ich kann auch groß werden. Ich kann meine Flügel (meine Talente) auch ausbreiten und in die Welt fliegen.«

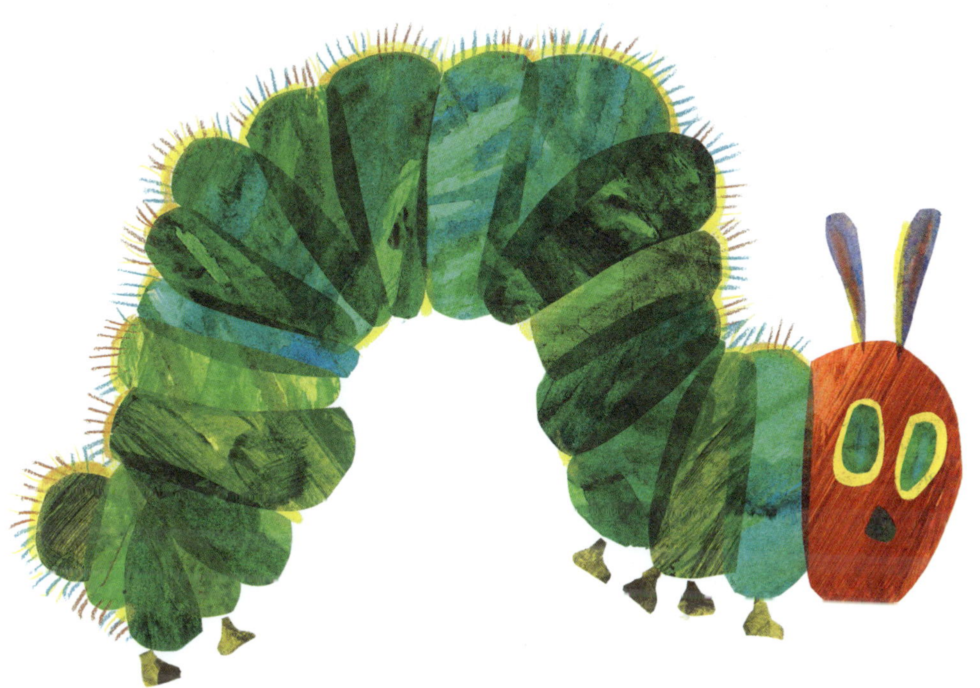

⊠ Eric Carle, 1969
»The Very Hungry Caterpillar«
Philomel/Putnam
Redakteurin: Ann Beneduce

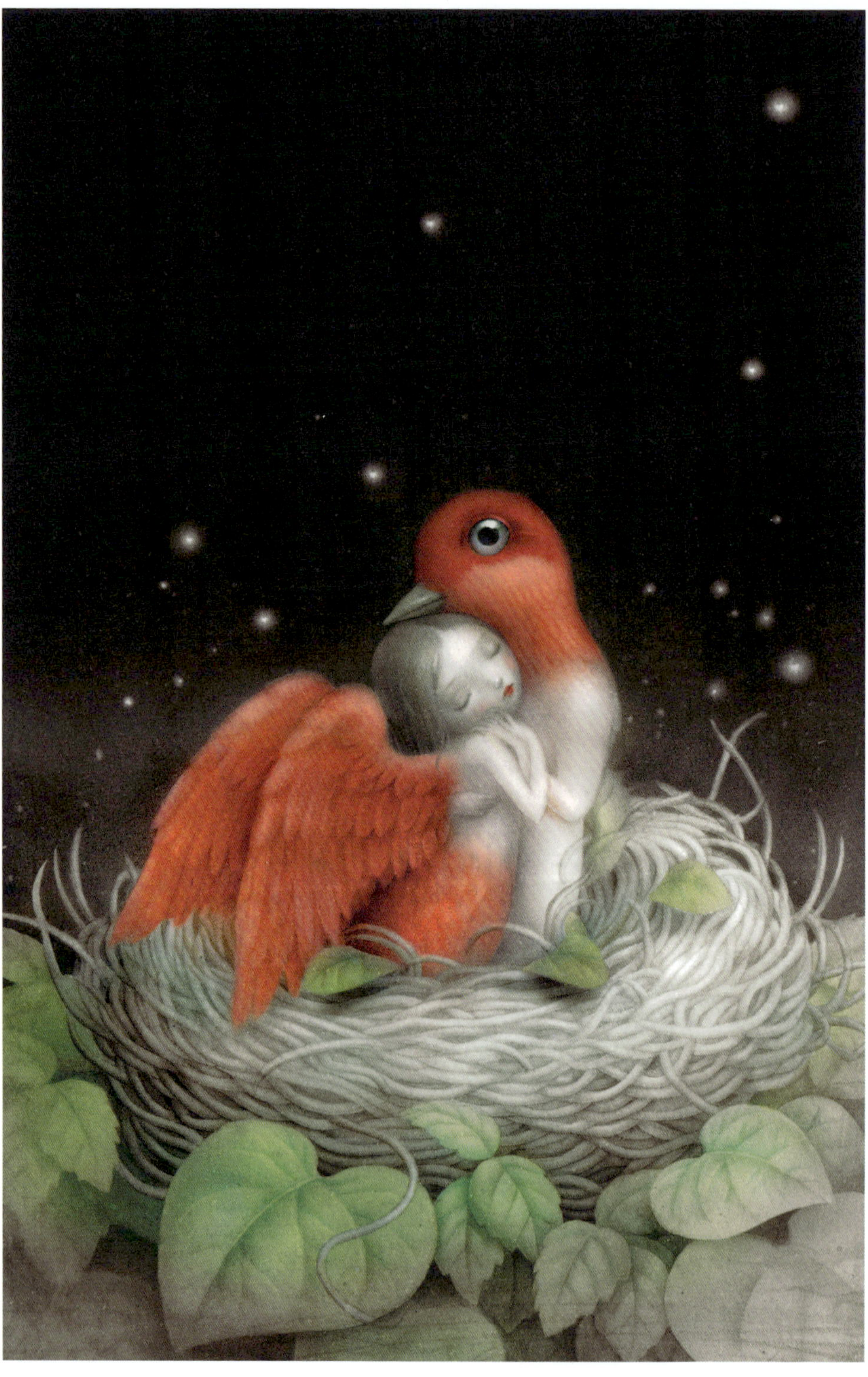

Verwandlung
Zwischen Traum und Magie

Eine der ältesten bildlichen Ausdrucksformen ist die Verwandlung einer Kreatur in eine andere oder in eine völlig neue Spezies. Das kann durch vermenschlichende oder metamorphische Mittel erreicht werden, oder aber durch Fantasy und magischen Realismus.

Das Cover der italienischen Künstlerin Nicoletta Ceccoli für das 2013 auch auf Deutsch erschienene Buch »Metamorphosis in the Sky« (»Metamorphose am Rande des Himmels«) des Autors und Frontmanns der französischen Kultband »Dionysos« Mathias Malzieu führt diese alte Tradition in einem zeitgenössischen, ätherisch wirkenden Stil fort. Malzieu erzählt darin die fantastische Liebesgeschichte zwischen dem tollpatschigen Stuntman Tom Cloudman und der Vogelfrau Endorphina, die ihm dabei hilft, sich in sich selbst zu verwandeln.

»In meiner Vorstellung ergänzen sich die beiden gegenseitig durch ihre Vereinigung«, erklärt Ceccoli zu ihrer (für die deutsche Ausgabe nicht übernommenen) Titelillustration der in Frankreich 2011 erschienenen Originalausgabe. Ihre Einflüsse sind unübersehbar: Für die Pose der Liebenden ließ sie sich von Gustav Klimts träumerischem Gemälde »Der Kuss« inspirieren: »Ich liebe die Verletzlichkeit der Frau in diesem Bild.« Aber auch ihre eigene Illustration spricht den Betrachter sofort an, vermittelt in der Komposition wie in der gedämpften Farbgebung eine den Geist der Romantik heraufbeschwörende Stimmung, die gut zu dieser magischen Traumgeschichte passt.

☒ Nicoletta Ceccoli, 2010
»Metamorphosis in the Sky«, Illustration für einen Buchumschlag
Flammarion

Unheimlich gut
Im Zeich(n)en der Fledermaus

Wohl jeder Illustrator hat schon mal mit dem Gedanken gespielt, wie es wäre, einem auf den ersten Blick positiv wirkenden Objekt durch Hinzufügung einiger kleiner Akzente einen unheimlichen Charakter zu verleihen.

Die in London lebende und arbeitende schottische Illustratorin Shonagh Rae beispielsweise verwandelte ein Buch in eine Fledermaus – in eine *blutsaugende* Fledermaus. Damit gab sie einem Artikel von Gillian Tett, in dem es darum ging, dass »blutsaugende Helden und Heldinnen so ein Trend geworden sind, dass viele Buchläden ihnen nun ganze Abteilungen widmen«, sozusagen den richtigen Biss …

In seiner wöchentlichen Kolumne im *FT Magazine* greift Tett aktuelle politische, wirtschaftliche und gesellschaftliche Geschehnisse auf und beleuchtet sie dabei oft auch aus einer eher ungewöhnlichen Perspektive, was, so Rae, »verschiedene visuelle Symboliken ermöglicht«. Da das Magazin eine breite Leserschaft hat, fügt die Illustratorin hinzu: »Ich denke, dass die Zeichnungen am besten funktionieren, wenn sie sehr direkt sind.« Hier vereint sich eine spielerisch wirkende Leichtigkeit mit einem deutlich düsteren Akzent. Beides zusammen wirkt schlicht: unheimlich gut.

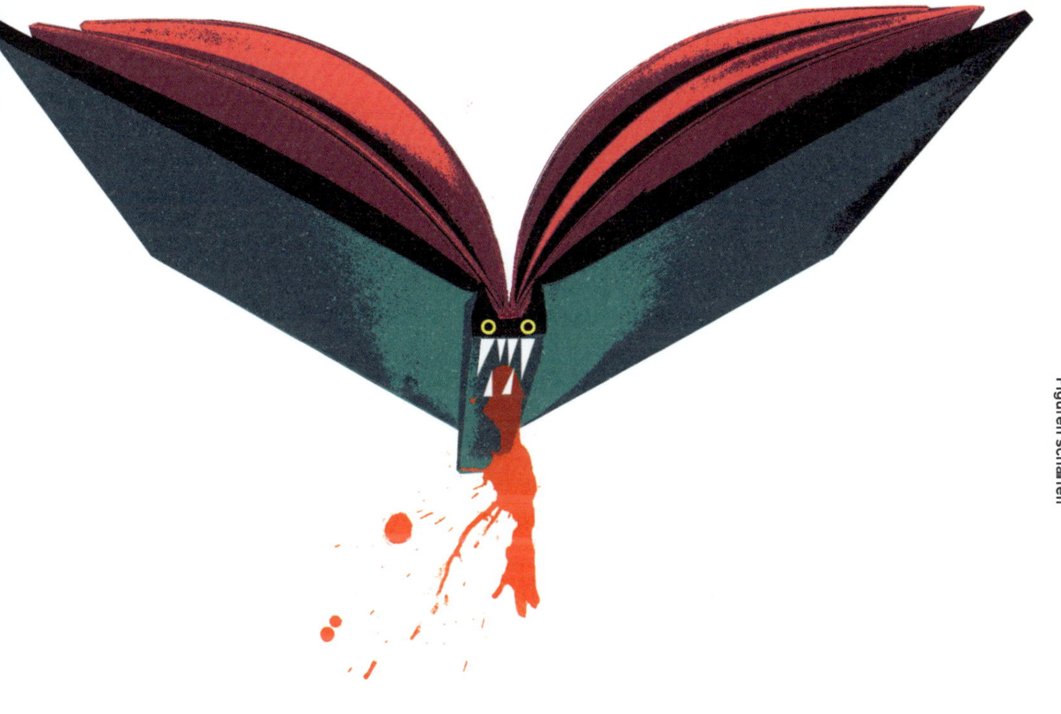

☒ Shonagh Rae, 2014
»Teenage books –
with added bite«
FT Magazine
Art Director: Shannon Gibson

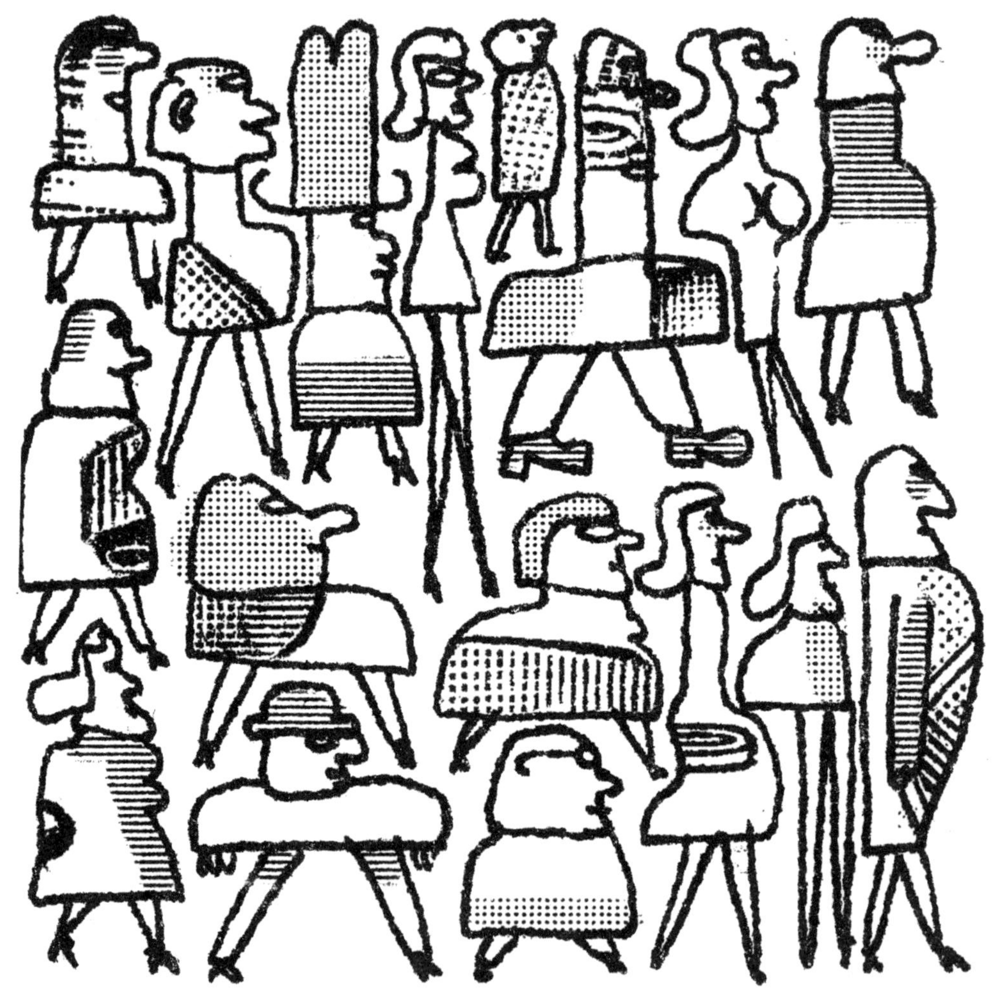

☒ Serge Bloch, 2015
»Inspire«, Buchillustration
Hélium Editions
Art Director: Sophie Giraud

Mit Proportionen spielen
Den Betrachter zum Lächeln bringen

Die Welt besteht aus großen und kleinen, schmalen und breiten sowie jeder Menge anderer, ungleich lustiger, verrückter und seltsamer Figuren. Blickt man von außen auf eine Menschenmenge, scheinen sich darin alle erst mal homogen einzugliedern, auch wenn einige individuelle Besonderheiten herausstechen. In dieser Darstellung des französischen Illustrators Serge Bloch werden solche Besonderheiten karikaturhaft überzeichnet, doch das homogene Ganze bleibt erhalten.

»Das Bild zeigt viele Leute, die alle in dieselbe Richtung gehen«, sagt Bloch, dem es in seinen eigenen Worten darum ging, »ein Bild zu gestalten, das die Diversität der Menschen und die dichte Besiedelung der Erde zeigt.« Diese fröhliche Vielfalt an Größen und Formen bringt den Betrachter zum Schmunzeln – vielleicht auch über sich selbst.

Weil diese Illustration für ein Kinder-Malbuch angefertigt wurde, wollte Bloch, dass die Figuren etwas Spielerisches bekommen; dabei konzentrierte er sich auf einen einfachen schwarzen Strich und schlichte Muster. Kinder sollen nun ihre Farben hinzufügen und gleichzeitig darüber lächeln können. Je nachdem, wie viele unterschiedliche Farben seine Illustration bekommt, desto deutlicher wird sein Spiel mit den Proportionen. Der homogene Gesamteindruck aber bleibt stets erhalten – wie in einer Sardinendose – nur viel freier und weniger eingepfercht.

Einen Konflikt erzeugen
Sinn und Sinnlichkeit

In einem Beitrag des Fernsehsenders CNN, für den die in London lebende russische Künstlerin Anastasia Beltyukova diese Illustration entwarf, wurde die These aufgestellt, dass einige Märchen wie »Die Schöne und das Biest«, »Rumpelstilzchen« oder das im englischen Sprachraum bekanntere »Jack and the Beanstalk« (»Hans und die Bohnenranke«) in ihrem Kern viel älter sein könnten als bisher angenommen – älter noch sogar als manche alten Mythen und biblische Geschichten.

Für einen Illustrator ist die Neu-Interpretation solcher »archetypischer« Geschichten immer eine große Herausforderung. Die hier gezeigte Zeichnung ist eine von sieben, die Beltyukova für den CNN-Beitrag anfertigte. Sie visualisiert den Mythos von Herkules (oder Herakles), einen griechischen Heros, um den sich verschiedene Sagen ranken. Dargestellt wird er hier im Kampf gegen die vielköpfige Hydra.

»Herkules war meistens in Konflikte verwickelt«, erläutert Beltyukova dazu – und Konflikte machen eine Zeichnung interessant. Die angespannten, verkrampften Gesichtszüge transportieren ein Gefühl von Klaustrophobie und Gefahr, das durch die sehr eng gewählte Perspektive noch verstärkt wird.

Zu Beltyukovas Einflüssen gehören u.a. die Arbeiten des russischen Malers Kuzma Petrov-Vodkin (1878–1939). Die Illustratorin erklärt, dass ihre Bilder die Ära, in der sie angelegt sind, widerspiegeln, aber gleichzeitig modern sein sollen. Farbe und Stil dieser Illustration erinnern an die griechische Antike – »aber nicht zu direkt«. Hinzu kommt eine leicht erotische Ausstrahlung des fokussiert kämpfenden Mannes – wie überhaupt der tänzelnde Kampf in Hydras gefährlicher Umarmung etwas Sinnliches hat. Die fertige Illustration bringt all dies zum Ausdruck: Gefahr, Sinnlichkeit, Stärke. Am deutlichsten aber wird: der Konflikt.

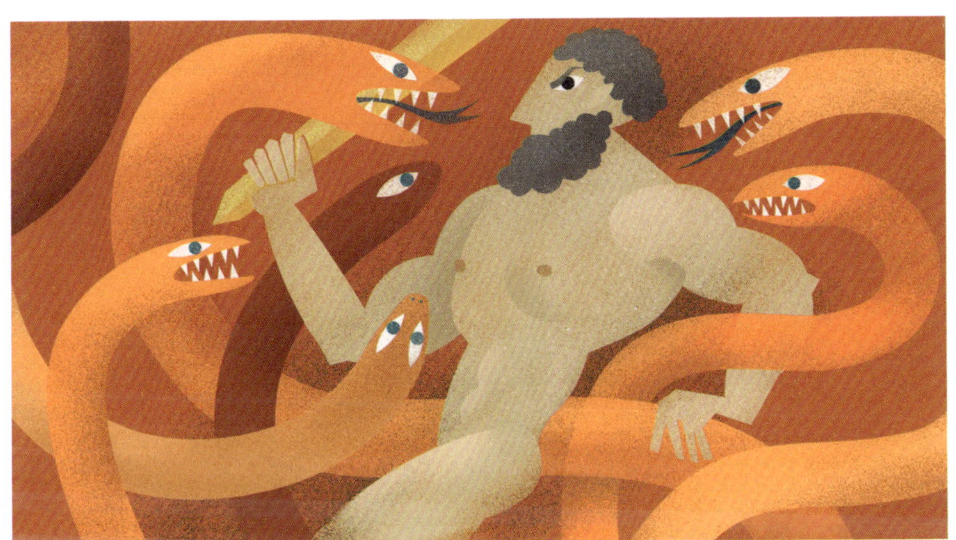

⊠ Anastasia Beltyukova, 2016
»How Old Fairy Tales Are:
Hercules«
CNN International
Art Director: Sarah-Grace
Mankarious

Infantilisieren
Das Große klein erscheinen lassen

Im englischen Sprachraum sangen Kinder früher, wenn sie jemanden necken wollten, gern »Baby Baby, stick your head in gravy, wash it out with Bubblegum, and send it to the navy«. Der unklare Sinn des Reims (etwa:» Baby Baby, steck deinen Kopf in die Schüssel, wasch sie mit Kaugummi aus, und sende sie zur Navy«) ist dabei völlig nebensächlich – so lange nur klar ist, worum es grundsätzlich geht: jemanden »Baby« zu nennen. Das ist beleidigend gemeint, denn damit werden dem so Bezeichneten, egal wie alt er ist, viele negative Eigenschaften unterstellt: Unreife, Narzissmus, unangemessenes Verhalten. Eine Unterstellung, die sich auch bestens illustrieren lässt.

Das zeigt sich auch an diesem Covermotiv, das die kanadische Künstlerin Anita Kunz für das Magazin *The New Yorker* entwarf. Die Idee dazu hatte sie bereits Monate zuvor gehabt, als Françoise Mouly sie mit einer Illustration für das Cover beauftragte. »Manchmal wartet die Redaktion auf den perfekten Moment, um etwas zu drucken«, erklärt Kunz. In diesem Fall brauchte man nur abzuwarten, bis Nordkoreas Diktator Kim Jong Un sich wieder einmal mit einer gefährlichen Vorstellung auf der Weltbühne präsentieren würde. Als er im Januar 2016 behauptete, eine Wasserstoffbombe gezündet zu haben, war die richtige Zeit für ein solches Cover gekommen.

Das Konzept der Darstellung leuchtet unmittelbar ein. Kim Jong Un, der jüngste Regierungschef der Welt mit Zugang zu Nuklearwaffen, wird als Kleinkind dargestellt, das gut sichtbar mit gefährlichen Spielzeugen hantiert – »vermutlich ohne sich des grauenhaften Schadens bewusst zu sein, den sie verursachen können«, fügt Kunz hinzu. Einen Kommentar braucht ihre Darstellung nicht, da die Leserinnen und Leser des *New Yorker* gebildet und politisch scharfsinnig genug sind, um zu wissen, dass eine karikaturhafte Übertreibung manchmal besser als alle Worte zum Ausdruck bringt, was das wahrhaft Furchteinflößende einer bildlichen Darstellung ist. Und zum anderen ist es die präzise Zeichnung der infantilen Körpersprache des Diktators, die schon »die ganze Geschichte erzählt«.

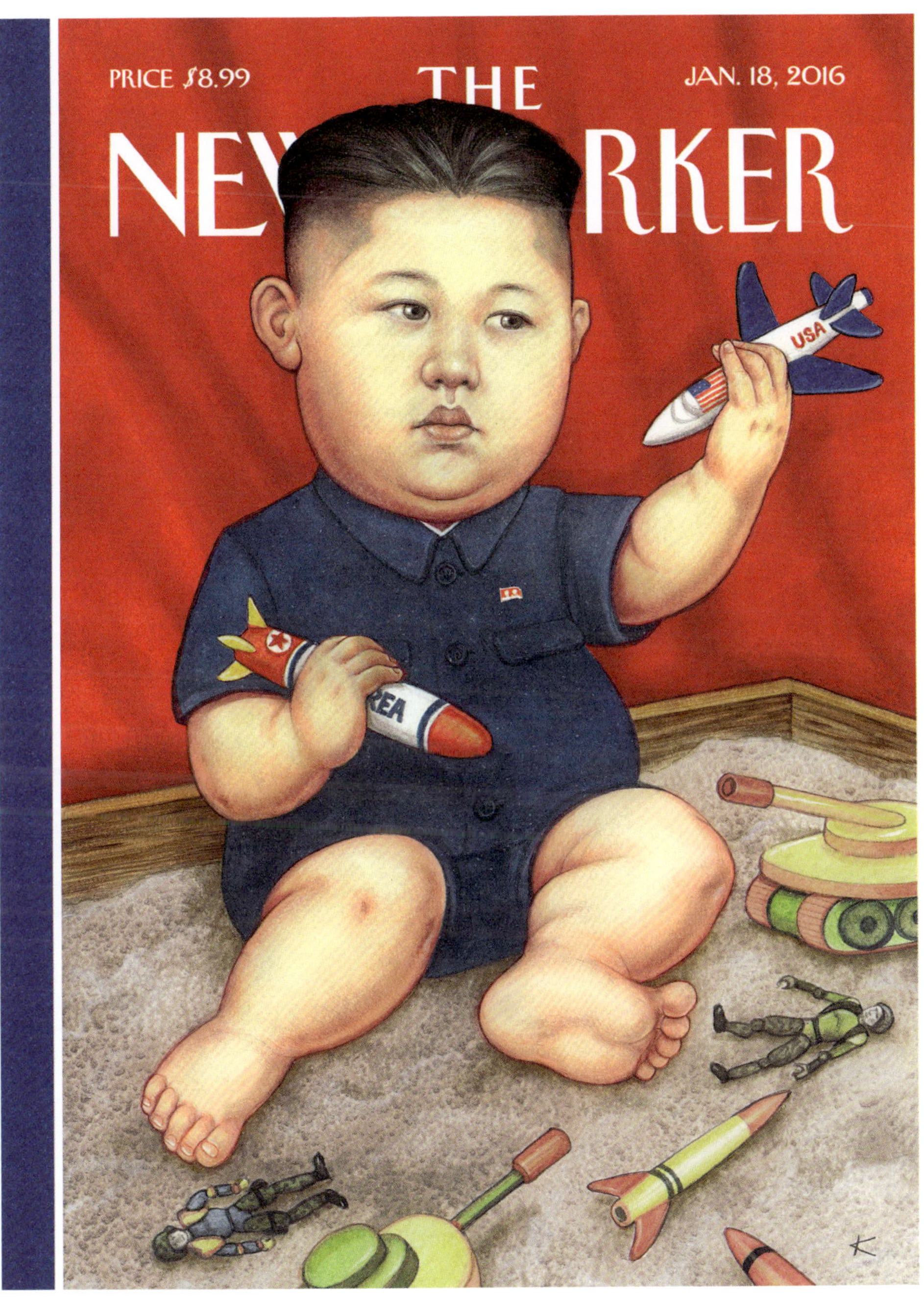

☒ Anita Kunz, 2016
»New Toys«
The New Yorker
Art Director: Françoise Mouly

Nostalgische Parodie
Schein oder Sein?

Es gibt die verschiedensten Formen der zeichnerischen Parodie, inhaltlich wie formal. Auch die hierfür verwendeten Materialien variieren. Der US-amerikanische Illustrator und Grafikdesigner David Plunkert arbeitet beispielsweise gern mit einer Collagetechnik, für die er Ausschnitte aus Werbeplakaten oder Zeitungen nimmt und sie neu zusammensetzt.

Bei dieser Illustration, die Plunkert für das *Cummings Veterinary Magazine* entwarf, geht es um das Pestizid Chlordan, das in den Jahren 1948 bis 1988 in den USA als Pflanzenschutzmittel verwendet wurde. Erst dann verbot man den Gebrauch wegen der damit verbundenen gesundheitlichen Risiken für die Menschen.

Plunkerts Illustration ist eine kalkulierte Parodie eines Werbeplakats aus den 1950er-Jahren, wie es in einem x-beliebigen Haushaltsmagazin abgebildet sein könnte. Das Auftreten der vordergründig lachenden, mit den weißen Augen aber auch dämonisch wirkenden Mutter, die scheinbar unbekümmert Insekten vernichtet, wirkt »oberflächlich spielerisch und lacht der unbekannten Gefahr ins Gesicht«, erläutert Plunkert selbst sein Bild. Sarkasmus pur ist die Behauptung »Safe!« (»Sicher!«) über den niedlichen, von der sprayenden Mutter miterfassten Kindergesichtern. Der stilisierte Totenkopf neben dem Wort »Chlordane« steht in erkennbarem Widerspruch zu dieser Aussage und macht deutlich, dass es hier nicht um subtile Ironie geht, sondern um die Parodie einer die Risiken des Produkts verschleiernden Werbebotschaft.

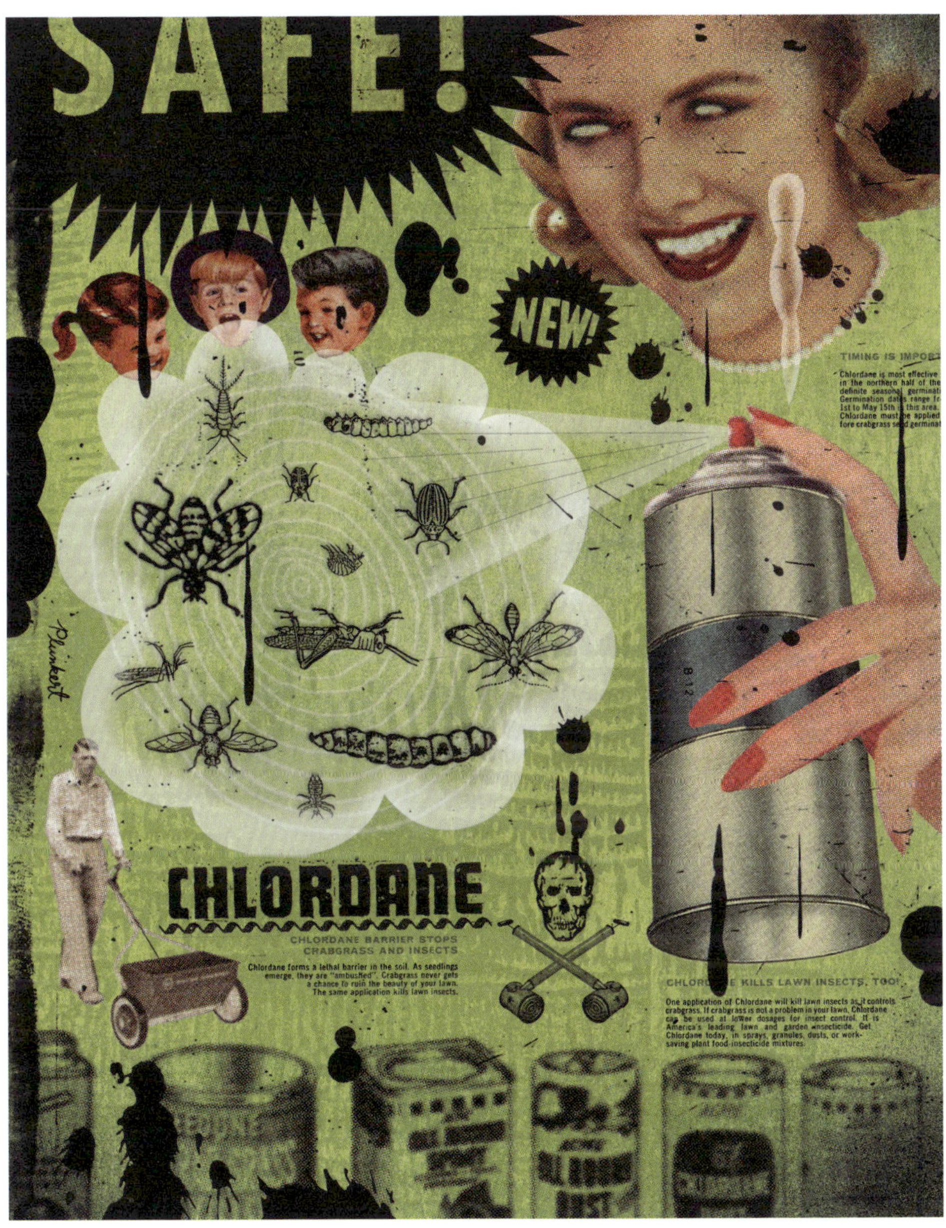

☒ David Plunkert, 2016
»The Chemical Detective:
Tracking Down Carcinogens«
Cummings Veterinary Magazine
Art Director: Carolynn DeCillo

Neue Welten erfinden

Lotta Nieminen / Mark Alan Stamaty / Catalina Estrada / Joost Swarte / István Orosz / Nora Krug / Eda Akaltun

Urbane Landschaften
Städtischen Raum ausfüllen

Panoramaansichten von Städten zu zeichnen ist keine leichte Aufgabe für einen Illustrator. Es kostet viel Zeit, und man muss stets die Ausgewogenheit zwischen Gestalt und Form im Blick behalten – es sei denn, man bedient sich eines formalen Hilfsmittels, um der äußeren Gestalt eine Art innere Einheit zu verleihen.

Die im finnischen Helsinki geborene, in New York lebende Illustratorin Lotta Nieminen entwarf eine Reihe von Stadtbildern für das (auch als deutsche Ausgabe bei Prestel erschienene) Kinderbuch »Walk this world« (»Meine wunderbare Weltreise: Das Leben ist bunt!«), in dem sie Alltagsszenen der jeweiligen urbanen Landschaften fröhlich-bunt und detailreich in Szene setzt. »Gebäude machen Städte wiedererkennbar«, stellte sie dazu fest, »aber die Kultur, die Bewohner und ihre Gewohnheiten verleihen einem Ort seinen Charakter. Kleine Geschichten im so vorgegebenen Rahmen zu gestalten, macht unheimlichen Spaß.« Am Ende des Buchs hat der Betrachter dann eine kleine Weltreise gemacht, bei der Grenzen verschwinden und der Globus als ein gemeinsamer Ort erscheint, in dem wir Menschen leben.

Nieminens Stil ist sehr üppig, mit vielen Elementen und Details. Sie sagt, beim Illustrieren fiele es ihr leichter, mit Farben und Mustern zu spielen als beim Grafikdesign, bei dem oft eine reduzierte Ästhetik gewünscht wird. Doch ihre Illustrationen sprechen kindliche Betrachter genauso an wie erwachsene. Sie selbst meint dazu: »Ich glaube nicht, dass mein Schaffensprozess sich ändert, wenn ich etwas für Kinder kreiere – ich möchte nichts verniedlichen. Kinder sind sehr aufmerksam. Ich wollte kleine Universen auf jeder Seite erschaffen, in denen es viel zu entdecken gibt, sodass man jedes Mal, wenn man es wieder ansieht, etwas Neues entdeckt.«

Ihr Stil erlaubt mehr abstrakte Details – verschiedene Elemente können leicht vermischt werden. »Ich arbeite gern ohne klaren Vorder- oder Hintergrund, die Hierarchien entstehen durch Farbe und Form.« So entsteht eine atmosphärische Dichte, die im Betrachter eine Fülle sinnlichster Assoziationen hervorruft – als erlebe man die zu sehende Szene selbst vor Ort.

☒ Lotta Nieminen, 2013
Walk This World
Big Picture Press
Herausgeberin:
Rachel Williams
Redakteurin:
Jenny Broom

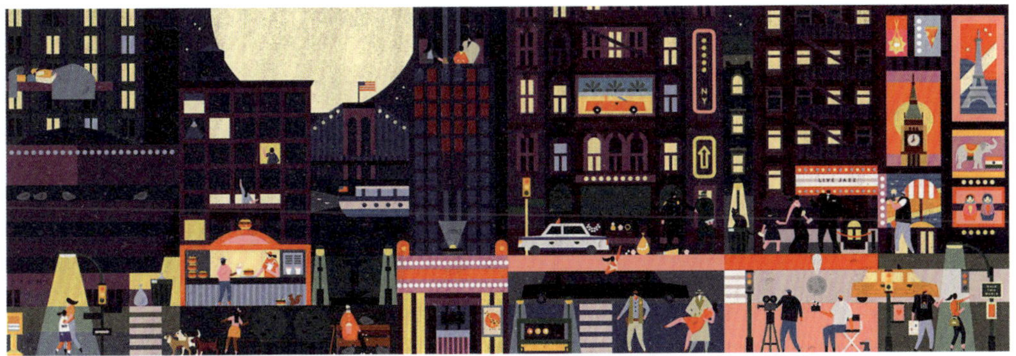
NY

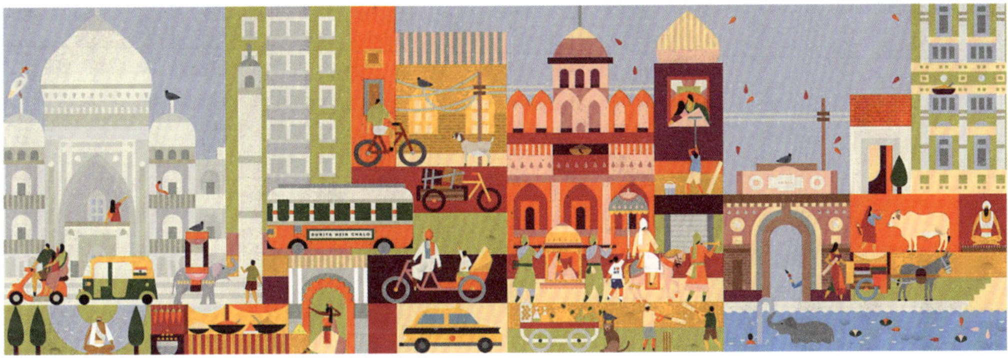

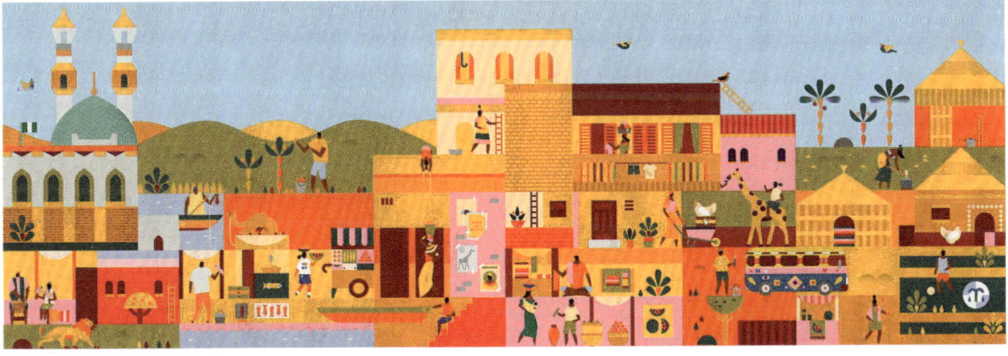

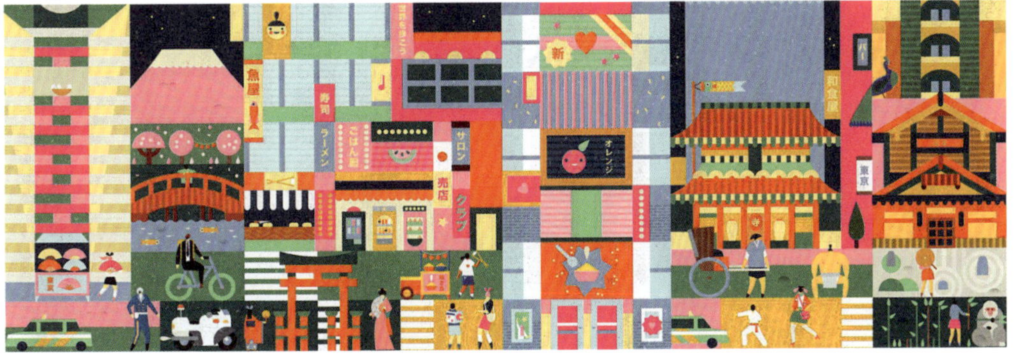
魚屋
寿司
ラーメン
サロン
売店
クラブ
新
オレンジ
和食屋
東京

Sich auf Chaos einlassen
Kuddelmuddel aus Menschen und Dingen

Für die meisten zeitgenössischen Illustratoren gilt das Motto: »Weniger ist mehr«. Komplexität wird als Chaos gedeutet, und Ordnung gilt als Tugend. So möchte man dem vom allgegenwärtigen Bildangebot übersättigten Publikum entgegenkommen, in der Annahme: Je mehr Informationen transportiert werden, desto weniger sei der Betrachter noch gewillt oder in der Lage, sie aufzunehmen.

Von dieser Annahme völlig unbeeindruckt zeigt sich der US-amerikanische Cartoonist und Kinderbuch-Illustrator Mark Alan Stamaty. Er glaubt nach wie vor an die Macht des Gezeichneten – auch in all ihrer Fülle. Fast alle seine Bilder sind extrem detailreich, was auf den ersten Blick chaotisch wirkt – ein Kuddelmuddel von Figuren in seltsamen Situationen und absurden Begegnungen.

Für diese Illustration wurde Stamaty von der Washington Post beauftragt, eine Buchhandlung mit möglichst vielen Käufern und lesendem Publikum zu gestalten.

»Ich sehe die Welt als einen sehr komplexen Ort, an dem viel passiert«, erklärt Stamaty. »Das ist nicht die einzige Kunst, die ich mag, aber es ist definitiv eine Kunst, die ich sehr mag.«

Mit der Überfülle und dem Kuddelmuddel möchte er den Betrachter – Kinder wie Erwachsene gleichermaßen – förmlich in das Innere seiner Bildwelten hineinziehen, ihm Zeit und die Gelegenheit geben, sie besonders intensiv wahrzunehmen und immer etwas neues darin zu entdecken.

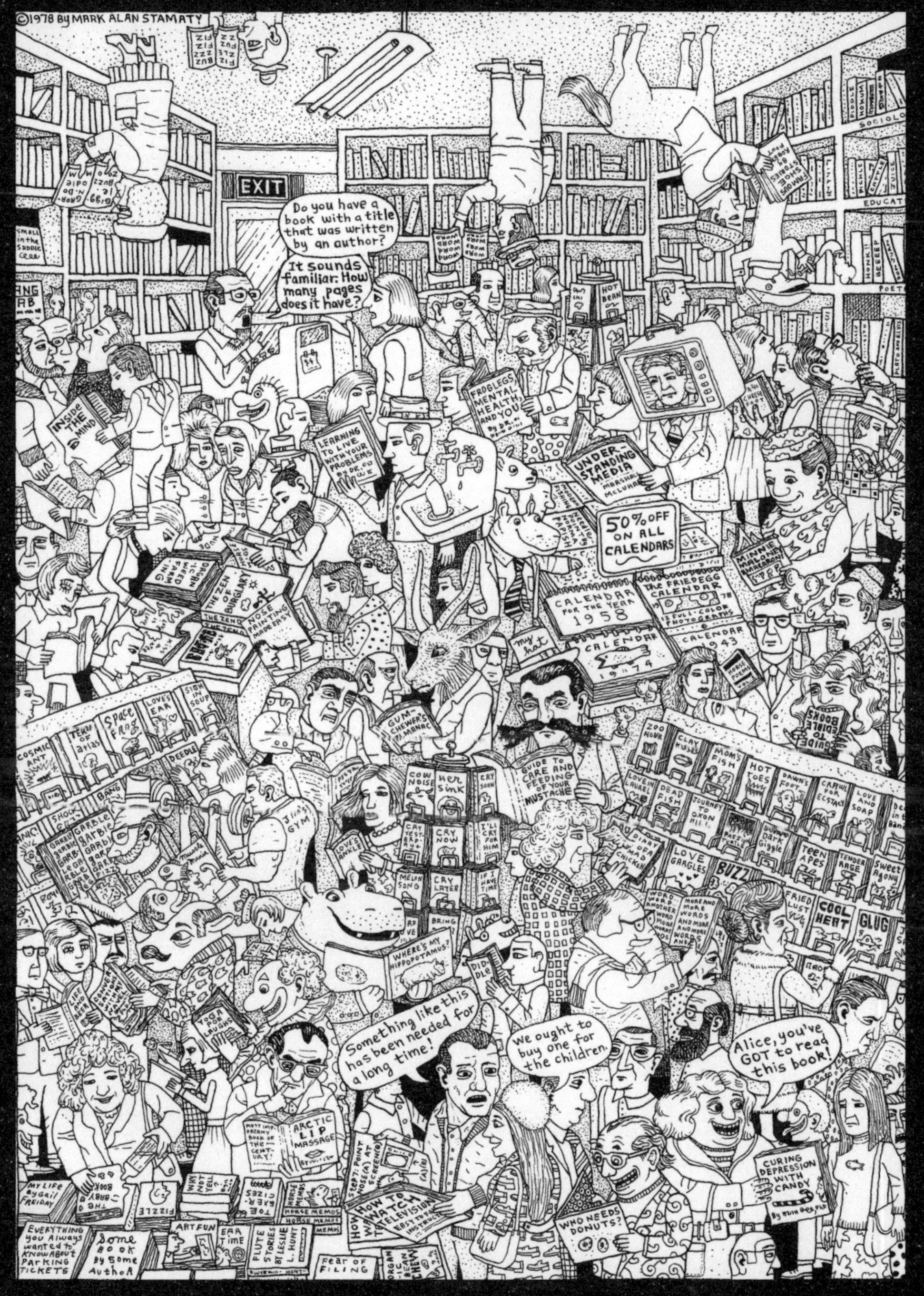

☒ Mark Alan Stamaty, 1978
»Bookstore«
Washington Post Book World
Art Director: Kunio Francis Tanabe

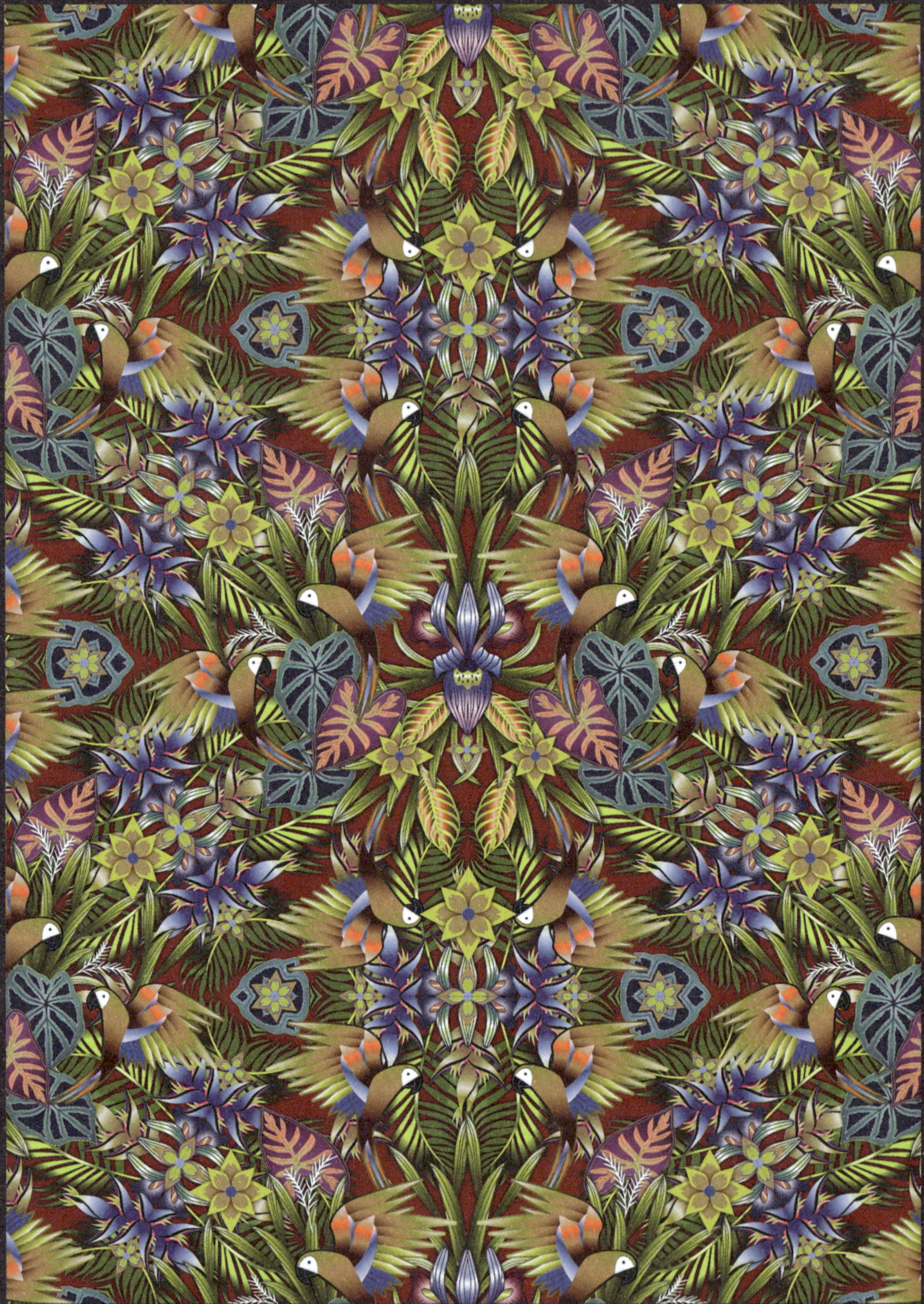

Illustration. Das Ideenbuch

Die Vielfalt der Natur
Ein Dschungel zum darin Herumspazieren

Zeichnungen können heute für jedes Produkt verwendet werden und auf allen erdenklichen Oberflächen erscheinen. Auch Stoffe und Kleidungsstücke können damit bedruckt werden. So hat Catalina Estrada für die Schuhmarke Arrels eine ganz eigene Welt erschaffen, voller Farben, Formen, Muster.

Mit dieser Kollektion wollte Catalina Estrada, eine in Barcelona lebende gebürtige Kolumbianerin, zurück in den Urwald ihrer ursprünglichen Heimat mit seiner so unendlich vielfältigen Flora und Fauna. Überhaupt ist ein Großteil ihrer Arbeit von der Natur inspiriert. »Alles in der Natur spricht mich an, sie ist meine Haupt-Inspirationsquelle – ihre Farben, Formen, Strukturen, alles«, erklärt sie und fügt hinzu, dass ihre Liebe zu Details und zur Schönheit der Dinge auch ein Ausdruck ihrer optimistischen Lebenseinstellung ist, die sie gerne auf den Betrachter übertragen möchte.

Estrada kombiniert ihre Einflüsse – darunter auch Volkskunst und lateinamerikanisches Kunsthandwerk –, um neue Welten zu erschaffen. Wenn ihre Illustrationen dann auf Stoffe gedruckt werden, fühlt sich das für sie an, als würden sie lebendig, und das werden sie ja auch in gewisser Weise – als eine aufwendig gemusterte neue Welt, in der man im Fall ihrer Schuhkollektion sogar herumspazieren kann.

☒ Catalina Estrada, 2015
»Guacamaya Jungle«
Arrels Barcelona
Art Director: Javier Llaudet

Reale Fantasien
Irrwitzig, aber nicht unwahrscheinlich

Das Besondere am Illustrieren ist ja, dass es dem Künstler ermöglicht, Umgebungen zu erschaffen, die fiktiv und real vorstellbar zugleich sind. Einen gewissen Sinn für Plausibilität und Logik brauchen aber selbst die im Wortsinn fantastischsten Welten. Ein gutes Beispiel dafür ist die hier zu sehende Illustration des niederländischen Illustrators, Comiczeichners und Designers Joost Swarte für den *New Yorker* mit dem vieldeutigen Titel »Raus aus der Stadt«.

Die Einförmigkeit der großstädtischen Gebäude – alle haben in etwa die gleiche Farbe, Größe und Anzahl gleich großer Fenster – steht in einem deutlichen Kontrast zur witzigen (aber doch nicht gänzlich absurden) Idee, deren Dächer in Vorstadtidyllen zu verwandeln: Statt raus aus der Stadt rauf auf die Stadt, könnte man sagen …

Swartes erdachte Welt spricht ein reales Problem an – die Ein- und Gleichförmigkeit unserer modernen Innenstädte – und betont mit dem hier illustrierten »Ausweg« noch die Notwendigkeit, wirklich einen Ausweg oder doch zumindest Alternativen zu finden.

Um das Problem zu verdeutlichen, entschied sich Swarte für ein klaustrophobisch anmutendes Setting: »Ich hatte auch Entwürfe mit offener Struktur gemacht«, sagt er, »wo man den Himmel sehen konnte. Aber die Perspektive in diesem Bild vermittelt den Eindruck, als wären die Leute in einer selbst gemachten Umgebung stecken geblieben.«

Swartes tiefere Message ist, dass keiner der Gefangene dieser Konformität sein muss, die von den Entwicklern und Gestaltern von Stadtkernen dem Wohnraum auferlegt wird. Der Ausbruch daraus ist möglich – im Fiktiven genauso wie in der Realität.

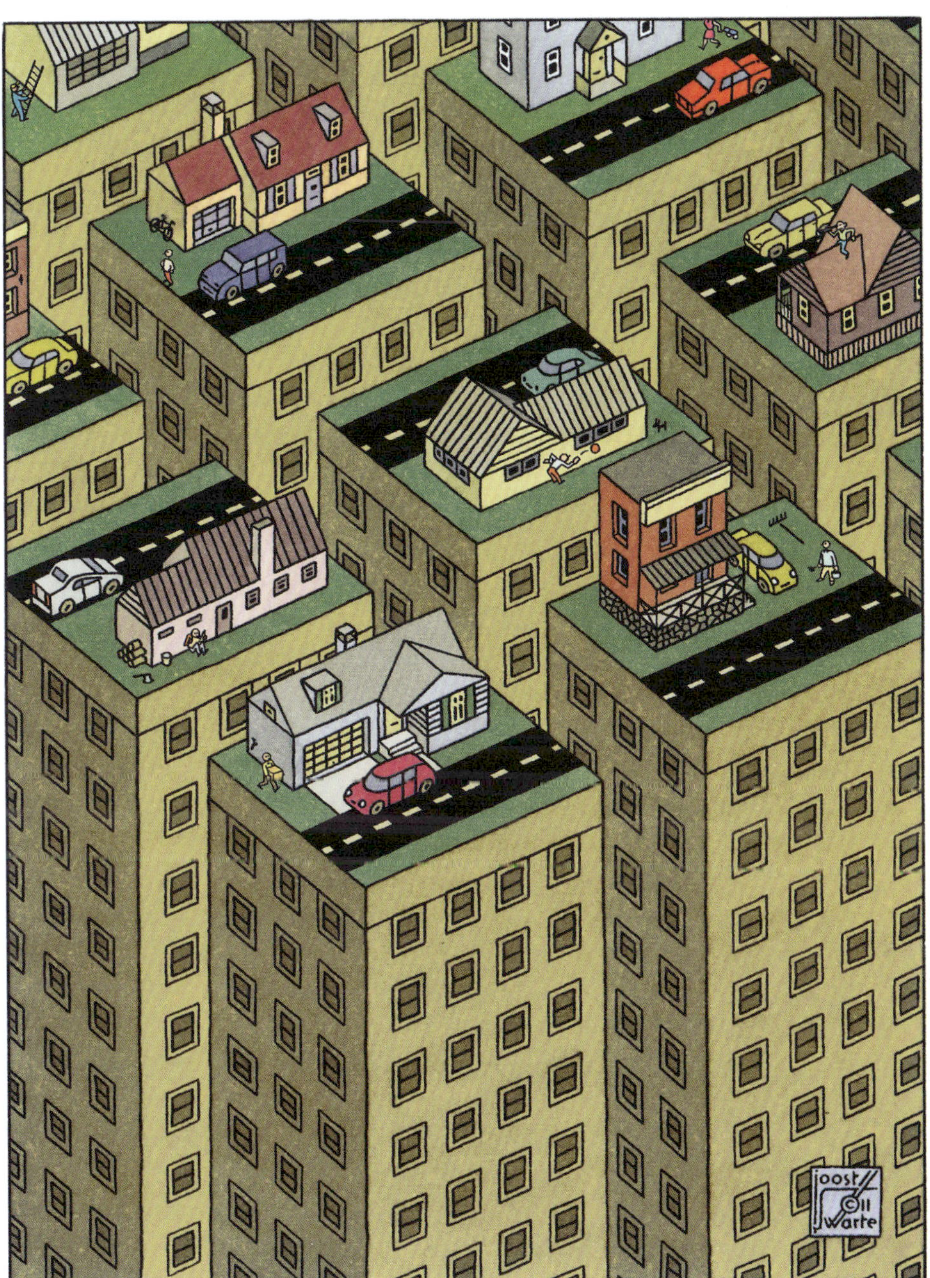

☒ Joost Swarte, 2011
»Get Out of Town«
The New Yorker
Art Director: Chris Curry

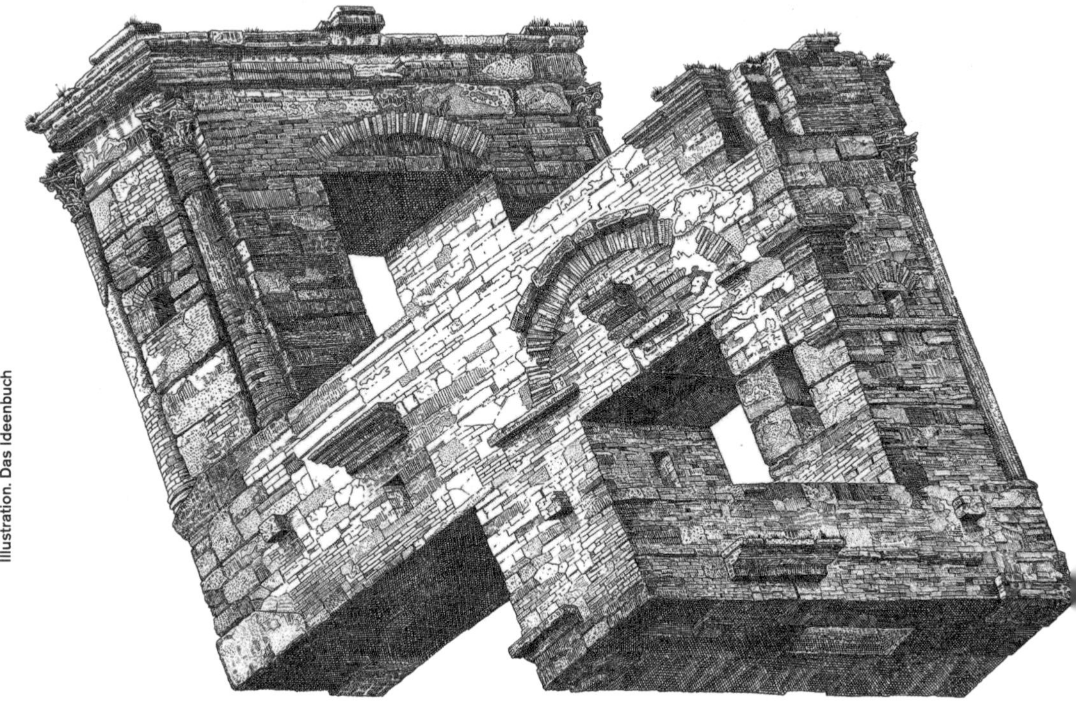

☒ István Orosz, 2005
The Wall
Tiara Press

Ein optisches Paradox
Das bloße Auge täuschen

Illustration spielt gern mit der optischen Illusion – nicht erst seit M.C. Escher (1898–1972), dessen Werk eines der bekanntesten und besten Beispiele illusionären Zeichnens liefert, das bis heute auch viele zeitgenössische Illustratoren inspiriert.

Unmögliches möglich erscheinen zu lassen, ist eine der reizvollsten Herausforderungen für einen Illustrator. So gibt es zum Beispiel von M.C. Escher die Darstellung einer niemals endenden Treppe, auf der die Menschen unaufhörlich rauf und runter sowie im Kreis laufen. Der ungarische Maler, Grafiker und Zeichentrickfilmer István Orosz, dessen hier gezeigte Illustration in ihrer Intensität stark an Eschers Meisterwerke erinnert, würde das ein »visuelles Paradoxon« nennen. Die für ihn selbst charakteristische Methode nennt Orosz »Spiegel-Anamorphose«: Der Betrachter blickt das Bild durch einen Spiegel an, um es richtig sehen zu können.

»Wenn ich architektonisch Unmögliches zeichne wie hier«, sagt er zu seiner Illustration, die aus einer Serie mit dem Titel »The Drawn Time« stammt, zeige ich räumliche Paradoxe, wobei ich aber immer abhängig von der Zeit bleibe. Realität und Vorstellungswelt vermitteln oft die Illusion von End- und Zeitlosigkeit.«

Der Titel der Serie ist übrigens für sich selbst so etwas wie eine Illusion, nämlich eine wortspielerische Variation möglicher Bedeutungen wie »Die gezeichnete Zeit«, »Die verstrichene Zeit« …

Orosz findet Paradoxe auch deshalb interessant, weil sie etwas in uns ansprechen, das mit rationaler Vernunft allein nicht begreifbar wäre. Dass etwas »real unmöglich« und »illusionär möglich« zugleich sein kann, ließe sich auch als ein Hinweis darauf deuten, dass es noch andere, versteckte Lesarten der Welt gäbe, als auf den ersten Blick zu vermuten wäre. Und so hilft die paradoxe Utopie seiner Illustration dem Betrachter vielleicht sogar dabei, die Welt (anders) zu begreifen.

Geister heraufbeschwören
Die Kraft der Imagination

Mitte des 20. Jahrhunderts war in der (illustrierten) Welt der Massenmedien vor allem Gefälliges gefragt: ein stilisierter Realismus, repräsentativ und romantisch zugleich. Konzeptionelles Zeichnen, für das heute etwa die deutschamerikanische Illustratorin und Animationskünstlerin Nora Krug bekannt ist, half zwar, die Vorstellungskraft zu inspirieren, schaffte es aber selten zum fertigen Werk. Falls doch, blieb es meist in den Schubladen, weil … (siehe oben).

In ihrem Buch »Shadow Atlas« interpretiert Nora Krug die Komplexität einer »anderen Welt« anhand des mystischen Konzepts von Geistern. Die hier zu sehende Illustration daraus zeigt eine geheimnisvoll-monströse rote Figur, die auf Zehenspitzen steht und bedrohlich auf einen seltsamen Typen starrt, der an einen Baum angebunden ist und nicht in der Lage scheint, einem bösen Schicksal zu entkommen. Eine andere, schwangere Figur liegt am Boden und wird teilweise von Baumstämmen verdeckt, die Augen und armähnliche Zweige haben.

Diese Zeichnung illustriert einen Geist des (vor allem im Südwesten Nigerias lebenden) westafrikanischen Yoruba-Volks, der als »Abiku« bekannt ist, die Körper schwangerer Frauen heimsucht und sich von kleinen Kindern ernährt.

»Ich habe mich immer für Menschen interessiert, die an Geister glauben«, erzählt Nora Krug, »und für die Kraft der Geschichten, die um solche Charaktere herum entstehen.« Denn für Krug spiegeln solche Geister meist universelle Ängste wie die, ein Kind zu verlieren oder eine geliebte Person nicht mehr zu erkennen.

Spannend ist zudem das Konzept, das Nora Krug in ihrem 2018 auch auf Deutsch veröffentlichten Buchprojekt – »Belonging: A German Reckons with History and Home« (»Heimat: Ein deutsches Familienalbum«) – verfolgt: eine literarisch-grafische Spurensuche in der Vergangenheit ihrer Familie; ein »Graphic Memoir«, für das sie ihre gezeichneten und handgeschriebenen Bildergeschichten mit Fotografien, Archiv- und Flohmarktfunden zu einem niemals bloß gefälligen Ganzen zusammenfügt – zu einem Erinnerungskunstwerk, in dem Familiengeschichte auf Zeitgeschichte trifft.

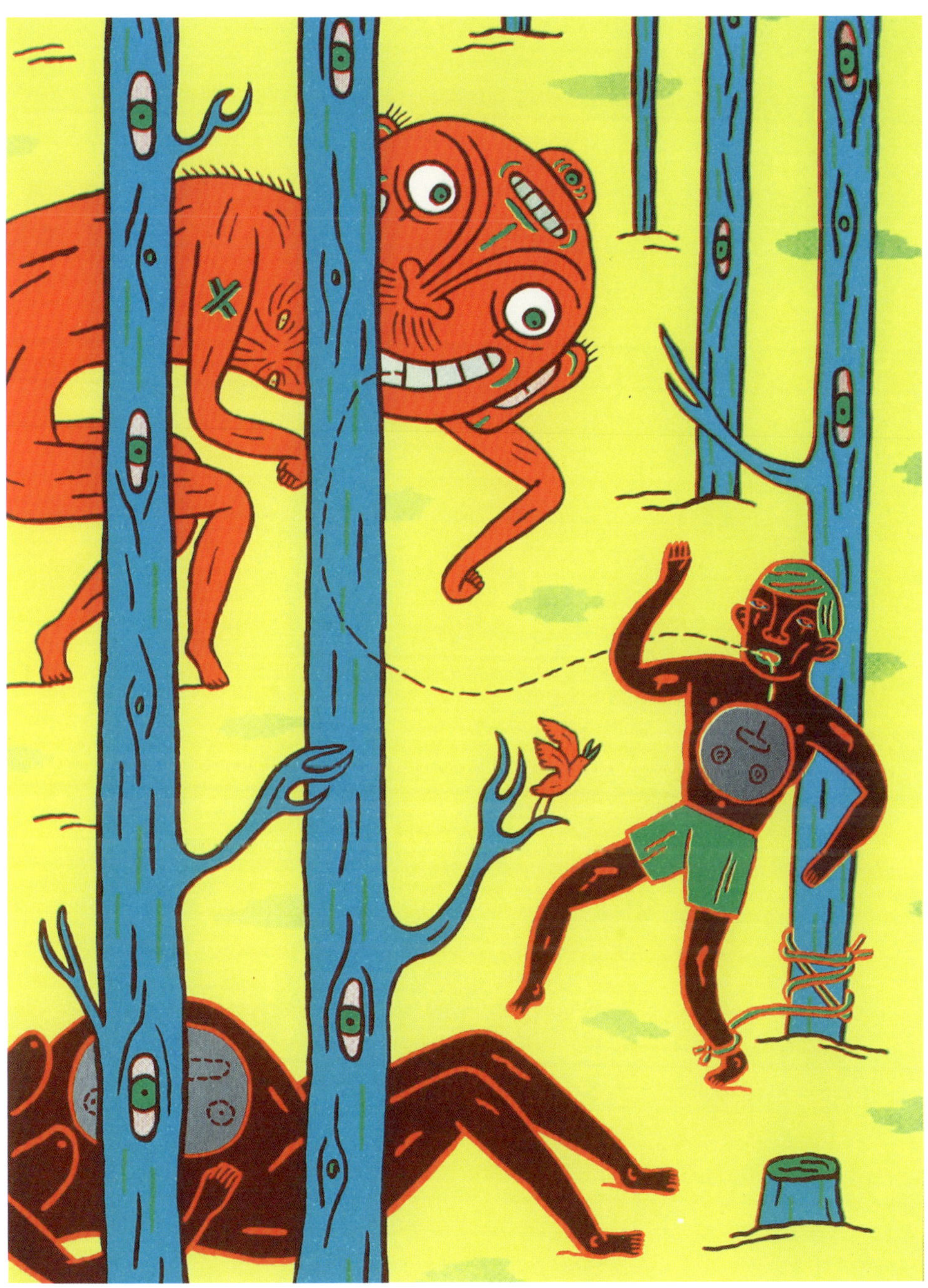

☒ Nora Krug, 2012
»Abiku«, aus: *Shadow Atlas*
Strane Dizioni
Art Directors: Enrico Fiammelli
und Marzia Dalfini

Style noir
Wenn Zeichnungen Filme interpretieren

»Film noir« (franz. »schwarzer Film«) ist ein Cineasten geläufiger Begriff der Filmkritik für Schwarz-Weiß-Krimis aus dem Hollywood der 1940er- und 50er-Jahre. Charakteristisch dafür ist u.a. eine von starken Hell-Dunkel-Kontrasten geprägte Bildgestaltung, die sich auch sehr gut von Illustratoren adaptieren lässt.

Das zeigt auch das hier zu sehende Beispiel von Eda Akaltun, einer aus Istanbul stammenden, in London lebenden Illustratorin. Von der Britischen Film- und Fernsehakademie (BAFTA) und dem Studio Small wurde sie damit beauftragt, die fünf für die Kategorie Bester Film 2012 nominierten Filme für das Cover einer Broschüre zu interpretieren. In diesem Fall geht es um den damaligen Gewinner, »The Artist«, eine in Hollywoods Stummfilmära spielende Tragikomödie. Akaltun wollte die Romanze zwischen dem Stummfilmstar George und der jungen Tänzerin Peppy grafisch gewagt darstellen, und der hervorragend fotografierte Noir-Stil des Films »passte genau zu meiner Art, Strukturen und Muster zu verwenden, um Gegensätze und Tiefe zu erzeugen«, sagt die Künstlerin selbst dazu. Sie gestaltete eine Collage aus fotografischen und grafischen Elementen, und obwohl sie in der Noir-Stimmung angelegt war, wurde es keine Nachahmung der tatsächlichen Noir-Ästhetik. Sie wollte, dass das Publikum dieses Bild sofort mit dem Film in Verbindung bringen würde, daher wählte sie eine Einstellung aus einer der einprägsamsten Szenen des Films.

Für Akaltun ist der liebevolle Tanz mit dem leblosen Dinnerjackett die perfekte Verkörperung der hoffnungsvollen Romanze im Film. Sie probierte verschiedene Aspekte von Zusammenstellung und Struktur aus, um das Thema in den Fokus zu stellen, ohne dabei die Hauptdarsteller in den Hintergrund zu drängen. Das Ergebnis ist eine sehr persönliche Interpretation des Film noir – in Form eines illustrativen Style noir …

⊠ Eda Akaltun, 2012
The Artist
BAFTA Awards /
StudioSmall
Art Director: Guy Marshall

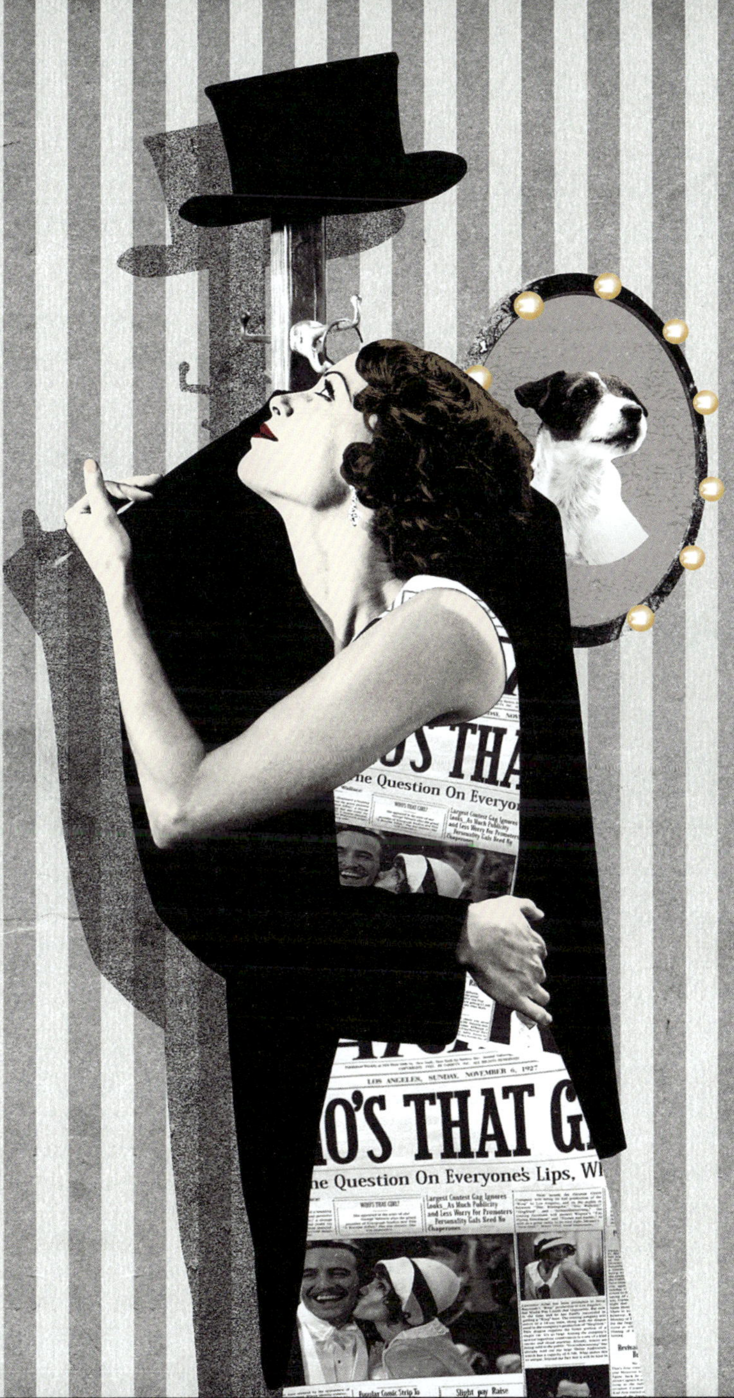
LOS ANGELES, SUNDAY, NOVEMBER 6, 1927
IO'S THAT G
he Question On Everyone's Lips, W
Largest Contest Gag Ignores Looks, As Much Publicity and Less Worry for Promoters Personality Gals Need No Chaperones
Popular Comic Strip To
Slight pay Raise

Mit Karikaturen experimentieren

Milton Glaser / Steve Brodner / André Carrilho / Edel Rodriguez / Hanoch Piven / Barry Blitt / Spitting Image

Das Gesicht als Symbol
Konkret-abstrakt

Eine Karikatur ist eine humorvolle oder groteske Übertreibung eines Porträts, meistens mit der Absicht, zu unterhalten. Karikaturisten verlassen sich auf die am besten wiedererkennbaren Aspekte – Bart, Augenbrauen, Auge oder Nase – der von ihnen karikierten Personen und heben diese grafisch hervor. Der künstlerischen Freiheit sind dabei keine Grenzen gesetzt – nur wiedererkennbar sollte die karikierte Person bleiben.

Einige Variationen wiederholen sich durch die Jahrhunderte – etwa das Platzieren großer Köpfe auf kleinen Körpern, kleiner Köpfe auf großen Körpern oder von Köpfen ohne Körper vor einem Hintergrund. Aber eine Karikatur kann genausogut eine subtilere Symbolik haben, bei der die hervorstechenden Züge der porträtierten Person in Formen und Farben übertragen werden. Das berühmte Bob Dylan-Poster des gebürtigen New Yorkers Milton Glaser ist ein Beispiel hierfür; ursprünglich war es zusammengefaltet in Dylans erstem Greatest Hits-Album von Columbia Records zu finden.

Für das Poster ließ er sich von einem Selbstporträt des Künstlers Marcel Duchamp aus dem Jahr 1957 inspirieren – ebenfalls eine Ansicht im Profil, ganz in Schwarz vor hellem Hintergrund gehalten. Auf dem Poster wird Dylans unverkennbare Lockenmähne durch schwungvoll miteinander verbundene Linien und bunte Zwischenräumen dargestellt. Als weitere Einflüsse sind persische Miniaturzeichnungen zu erkennen und der damals trendige psychedelische Stil.

Im ersten Entwurf positionierte Glaser eine Mundharmonika vor Dylans Mund. Als er sie wegnahm, entstand eine leere weiße Fläche, vor der die schwarzen Umrisse des Profils umso deutlicher hervortraten. Das Porträt wurde zum Sinnbild einer ganzen Generation, deren bedeutendster Singer und Songwriter Bob Dylan ist.

☒ Milton Glaser, 1966
»Dylan«
Columbia Records
Art Director: John Berg

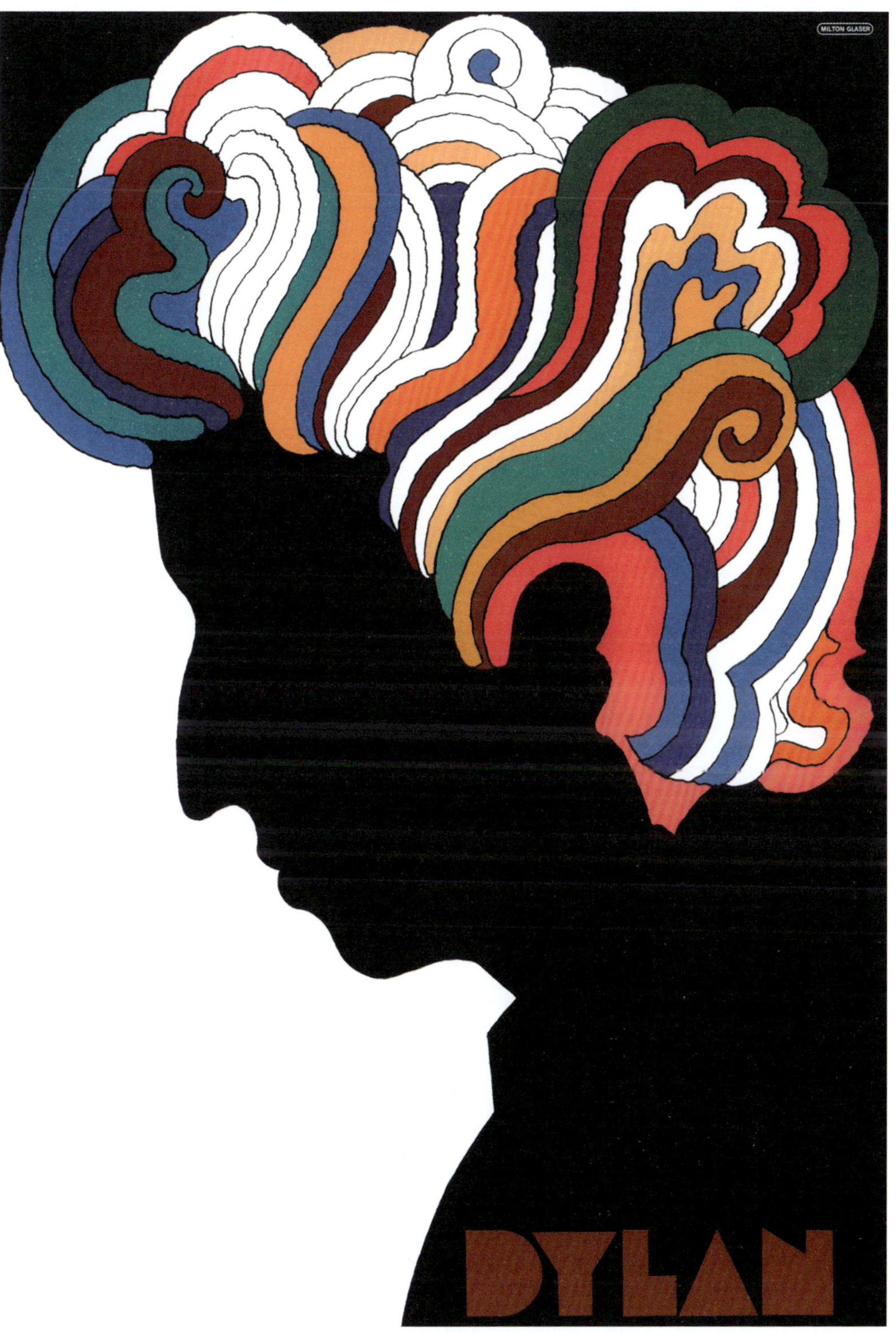
MILTON GLASER
DYLAN

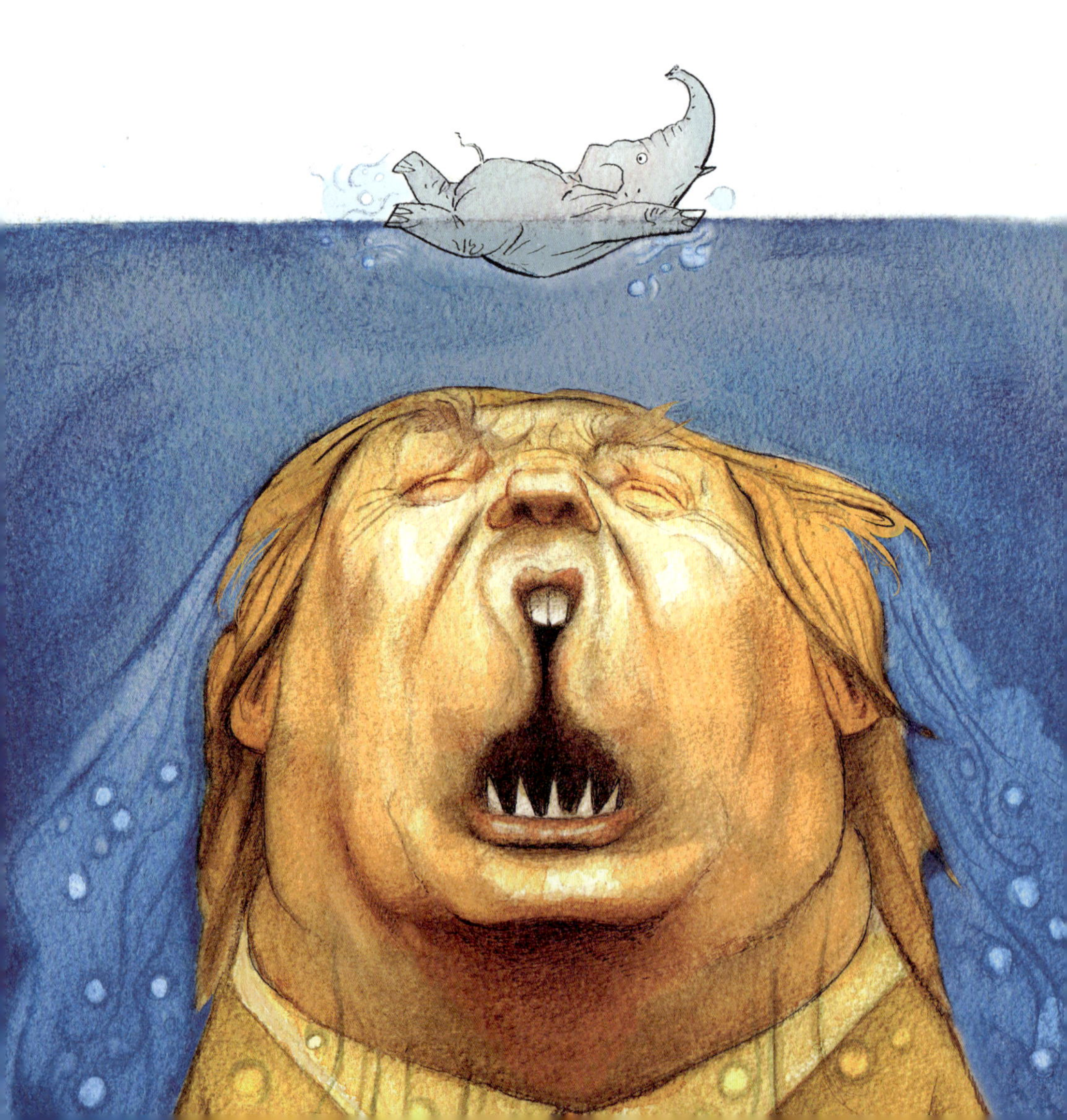

Berühmte Vorbilder
Das Spiel mit den Ikonen der Popkultur

Von allen einem Illustrator als Anregung dienenden Referenzen sind bekannte Ikonen der Popkultur die dankbarsten. Sie können ganz unterschiedlich verwendet werden, wobei die Karikatur eine der kraftvollsten Ausdrucksweisen darstellt.

Wer kennt nicht das berühmte Poster für den Film »Jaws« (dt. »Der weiße Hai«), bei dem der große Hai wie eine Rakete an die Oberfläche schießt, nur wenige Zentimeter von dem selbstvergessen Badenden, der gleich gefressen wird? Die Bedrohung ist offenkundig – weshalb sich das Motiv geradezu anbietet, in einen anderen Kontext gestellt (und sogleich verstanden) zu werden.

Auch der in Brooklyn geborene, für seinen satirischen Strich berühmte Illustrator und Karikaturist Steve Brodner bediente sich dieses Motivs, als er ein Cover für das New Yorker Magazin *The Village Voice* gestalten sollte. Das war zu einer Zeit, als Donald J. Trumps Präsidentschaftskandidatur langsam an Fahrt aufnahm und er gerade dabei war, seine Rivalen in der republikanischen Partei (dargestellt durch den schwimmenden Elefanten, das Maskottchen der Partei) aus dem Rennen zu werfen.

Die Assoziation mit dem weltberühmten Filmplakat lässt jeden Betrachter sofort erkennen, was der Illustrator damit sagen will. Das Ergebnis ist zweifellos eindrücklicher, als es eine simple karikative Übertreibung von Trumps Gesichtszügen gewesen wäre.

☒ Steve Brodner, 2016
»Jaws«
The Village Voice
Art Director: Andrew Horton

Verzerrung
Bis an die Grenzen der Wiedererkennbarkeit

Wie weit kann man die Übertreibung treiben? Das ist die wichtigste Frage in der Karikatur. Wenn der Betrachter nicht erkennt, wer da zeichnerisch dargestellt wird, funktioniert die Karikatur als solche nicht. Doch wie der in Lissabon geborene und lebende Zeichner André Carrilho in dieser Karikatur zeigt, sind die Spielräume enorm: So übertrieben verzerrt er die Physiognomie Neil Youngs hier auch darstellt – die Person des Musikers bleibt trotzdem unverkennbar.

André wollte ursprünglich Architekt werden, interessierte sich dann für Grafikdesign und begann schließlich als Illustrator zu arbeiten. Ein Vorteil dieses »Berufs«, der vielleicht vielmehr eine Berufung ist, liegt für ihn auf der Hand: »Niemand interessiert sich dafür, welche Abschlüsse du hast«, erklärte er in einem Beitrag für die britische Zeitung *The Independent*, bei der er seinen Durchbruch hatte und für die auch diese Karikatur entstand, »entscheidend ist allein deine Arbeit.«

Carrilho orientiert sich gern an Fotografien und zeichnet grundsätzlich erst einmal alles von Hand, ehe er das Bild dann am Computer weiter bearbeitet. Neil Young zeigt er als »eine alternde Legende, mit vielen Kilometern auf dem Tacho« – aber doch so, wie sich der Musiker in das Bildgedächtnis seiner weltweiten Fangemeinde eingeschrieben hat: in gebückter Haltung vor dem Mikrofon stehend, die Gitarre umgehängt, den Mundharmonikahalter vor dem Gesicht.

Worauf es bei einer Karikatur ankommt, wurde ihm in seinen Anfangsjahren klar, als er Peter O'Toole zeichnen sollte. Das Gesicht des Schauspielers hatte sich über die Jahre und mit den verschiedenen Rollen, die er verköperte, stark verändert. Das verunsicherte Carrilho zunächst, bis er erkannte, was »sein Job« ist: Die Summe aller Gesichter zu zeigen, die Peter O'Toole in seinem Leben hatte – um ein Bild von ihm zu zeichnen, das jeder erkennt, obwohl es in der Realität so gar nicht existiert –, nur in Form seiner Karikatur, die Carrilho als »a composite memory of him« bezeichnet, als (s)eine zusammengesetzte Erinnerung an ihn.

⊠ André Carrilho, 2014
»Neil Young«
The Independent on Sunday
Art Directors: Colin Wilson und Sarah Morley

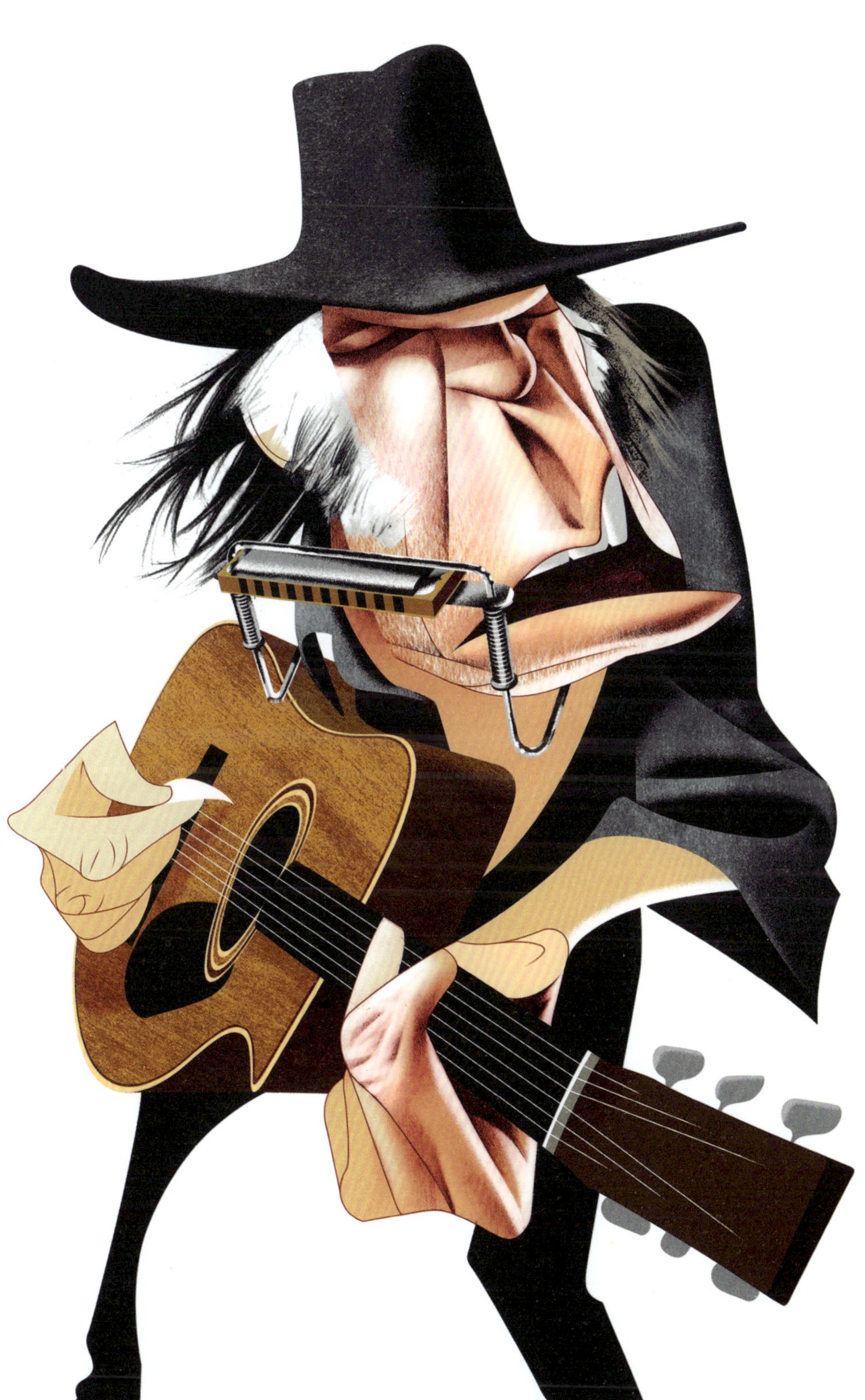

Gesichtserkennung
Zum Dahinschmelzen

Als Donald Trump im Jahr 2016 zum Präsidenten der USA gewählt wurde, war dies für viele Beobachter eine große Überraschung. Die Karikaturisten hatten ihn aber schon lange im Auge, und mit seinen visuellen Erkennungszeichen – von der typischen Kammfrisur bis zum orangen Farbton seiner künstlichen Bräune – bot ihnen der neue Präsident eine ideale Angriffsfläche.

So kam der im Jahr 1980 in die USA emigrierte Kubaner Edel Rodriguez auf die Idee, Trumps typische Erkennungsmerkmale als Maske zu interpretieren, die bei einer genaueren Untersuchung im grellen Tageslicht vor unseren Augen schmelzen könnte. Der Titel seiner im August 2016 für das Cover des *Time Magazine* entstandenden Karikatur ist mehrdeutig: »Meltdown« kann einen allgemeinen Crash genauso bezeichnen wie einen (Nerven-)Zusammenbruch, eine Kernschmelze, einen Ausraster oder einen Trotzanfall …

Optisch legte Rodriguez den Fokus auf Trumps vereinfacht dargestelltes, förmlich dahinschmelzendes Gesicht – für ihn die ironischste Art, die gewünschte Botschaft zu vermitteln: »Das Konzept war, ein Symbolbild dafür zu finden, wie die Trump-Kampagne in sich zusammenbricht« – als visueller Kommentar der Erwartungen vieler politischer Beobachter, dass Trump sich nach seiner Wahl als völlig ungeeignet für den Job herausstellen würde.

So klar Rodriguez seine Bildaussage auch formuliert – die Reaktion des Publikums darauf ist für ihn nicht vorhersehbar, sagt er. Aber die scharfsinnige Einfachheit und außergewöhnliche grafische Kraft seiner Karikatur dürfte bei den meisten Betrachtern einen gewissen Nerv getroffen haben – egal, auf welcher politischen Seite des Spektrums sie stehen.

⊠ Edel Rodriguez, 2016
»Meltdown«
Time magazine
Art Director: D.W. Pine

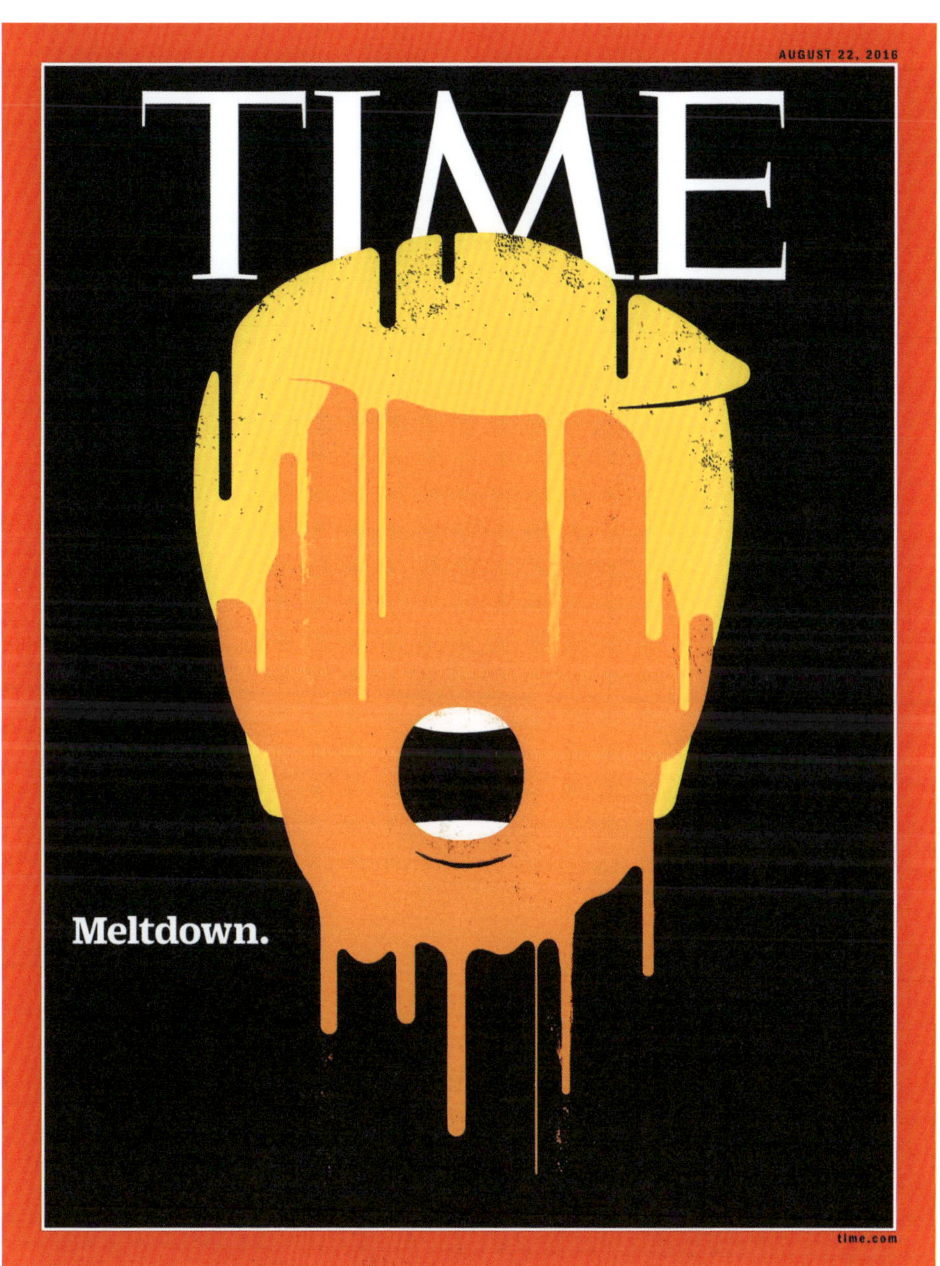
AUGUST 22, 2016
TIME
Meltdown.
time.com

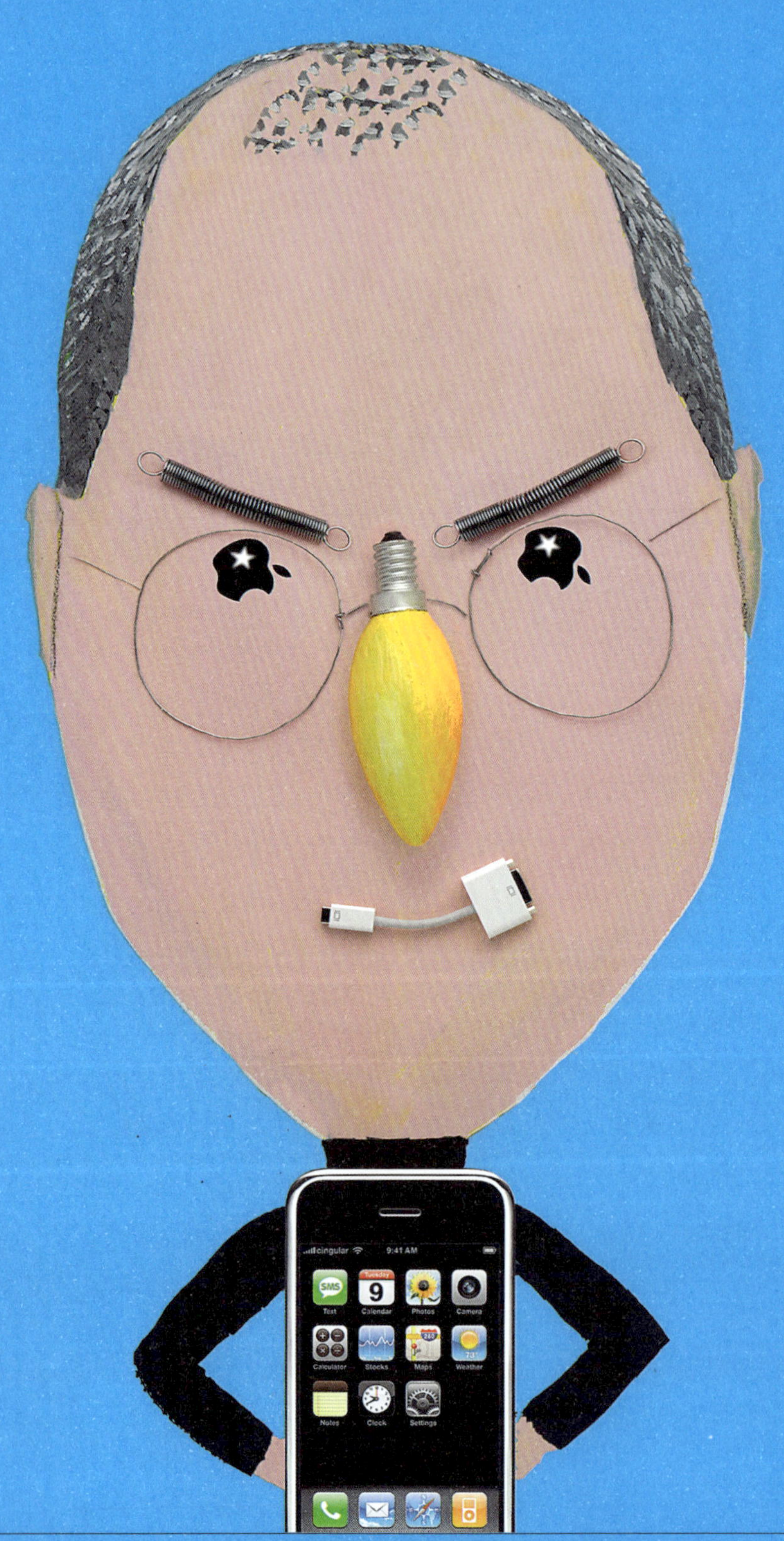
cingular
9:41 AM
Tuesday
9
SMS
Text
Calendar
Photos
Camera
Calculator
Stocks
Maps
Weather
Notes
Clock
Settings

Recycelte Materialien
Es ist (nicht), was es ist

Man muss kein Zauberer sein, um eine Figur aus einer Wolke hervorzuzaubern, ein Gesicht aus einem Stück Marmor oder irgendwelchen Schrottteilen zusammenzusetzen – Fantasie und handwerkliches Geschick sind für Mixed-Media-Künstler wie den in Uruguay geborenen, in Israel aufgewachsenen sowie dort heute auch lebenden und arbeitenden Hanoch Piven das, was für klassische Zeichner das leere Blatt Papier und der Bleistift bedeuten.

Als Piven den Auftrag bekam, Steve Job für einen Artikel des wöchentlich erscheinenden Nachrichtenmagazins *Time* über die 100 einflussreichsten Menschen zu porträtieren, war ihm gleich klar, dass er dabei auf Produkte und Symbole zurückgreifen wollte, die wohl von den meisten sofort mit dem Mitgründer und langjährigen CEO von Apple in Verbindung gebracht werden konnten: das Firmenlogo und das damals wie heute erfolgreichste Apple-Produkt (das iPhone). Zudem suchte er etwas, das für Ideenreichtum und Führungsqualität steht: »Ich liebe die Verwendung von Glühbirnen als Nasen, habe sie schon oft eingesetzt und meistens ein schlechtes Gewissen, wenn ich erneut auf dieses Mittel zurückgreife«, gibt Piven zu; »aber das Interessante dabei ist, wie die verschiedenen Glühbirnen zu den verschiedenen Nasen passen – und hier konnte ich einfach nicht widerstehen.«

Mit seiner Kunst möchte Hanoch Piven – »hoffentlich lustig und unerwartet« – kommunizieren. Um das zu erreichen, genügt es nicht, ein Puzzle verschiedener Materialien zusammenzusetzen; er muss das Wesen der Person, die er darstellt, verstanden haben, um es darstellen zu können. Deshalb überlässt er bei seinen Arbeiten nichts dem Zufall – sie sind sorgfältig geplant, auch wenn es meist so wirkt, als wären sie quasi spielerisch entstanden. Genau das ist ja auch die Kunst …

☒ Hanoch Piven, 2007
»Steve Jobs«
Time
Art Director: Tom Miller

Natürliche Wesensmerkmale
Lebende Karikaturen

Manche Personen haben so markante Züge, dass sie förmlich dazu einladen, karikiert zu werden. Oder sie laden durch typische Verhaltensweisen dazu ein. Manchmal trifft sogar beides zu – das ist dann für den Karikaturisten ein gefundenes Fressen ...

Barry Blitts Cover für den *New Yorker* heißt »Belly Flop«, also »Bauchklatscher«, und es ist nicht (nur) deshalb so gelungen, weil die Ähnlichkeit mit dem Abgebildeten so groß ist, sondern auch, weil es eine seiner typischen Verhaltensweisen aufs Trefflichste karikiert. Der seit 1979 in den USA lebende gebürtige Kanadier hatte zuvor schon schon eine Karikatur von Hillary Clinton gemacht, die zeigt, wie sie in einen Boxring steigt. Doch das Aufsehen, das Donald Trumps erregte, war schließlich ungleich größer und wirkte wohl auch in den Reihen der Republikaner wie jener »Bauchklatscher«, den Blitt hier darstellt (der auch die anderen republikanischen Kandidaten dabei zeigt, wie sie vor dem auftrumpfenden Trump in alle Richtungen ausweichen).

Anders als einige seiner Kollegen verlässt sich Blitt, der noch gern nach alter Tradition mit Feder und Tinte sowie mit Wasserfarben arbeitet, nicht auf die reine Übertreibung – selbst wenn, wie er in diesem Fall feststellte, »die meisten hier dargestellten Leute bereits im echten Leben an ihre eigene Karikatur« erinnerten. Sein erster Entwurf zeigte Trump, wie er einen Hechtsprung macht – »aber das Magazin fand, das sähe etwas zu triumphal aus«. Die Bauchklatscher-Version transportierte schließlich genau das richtige Maß an humorvoller Übertreibung auch eines wichtigen Wesensmerkmales von Trump: das eher laute als leise Auftreten nach dem Motto »Jetzt komme ich!«

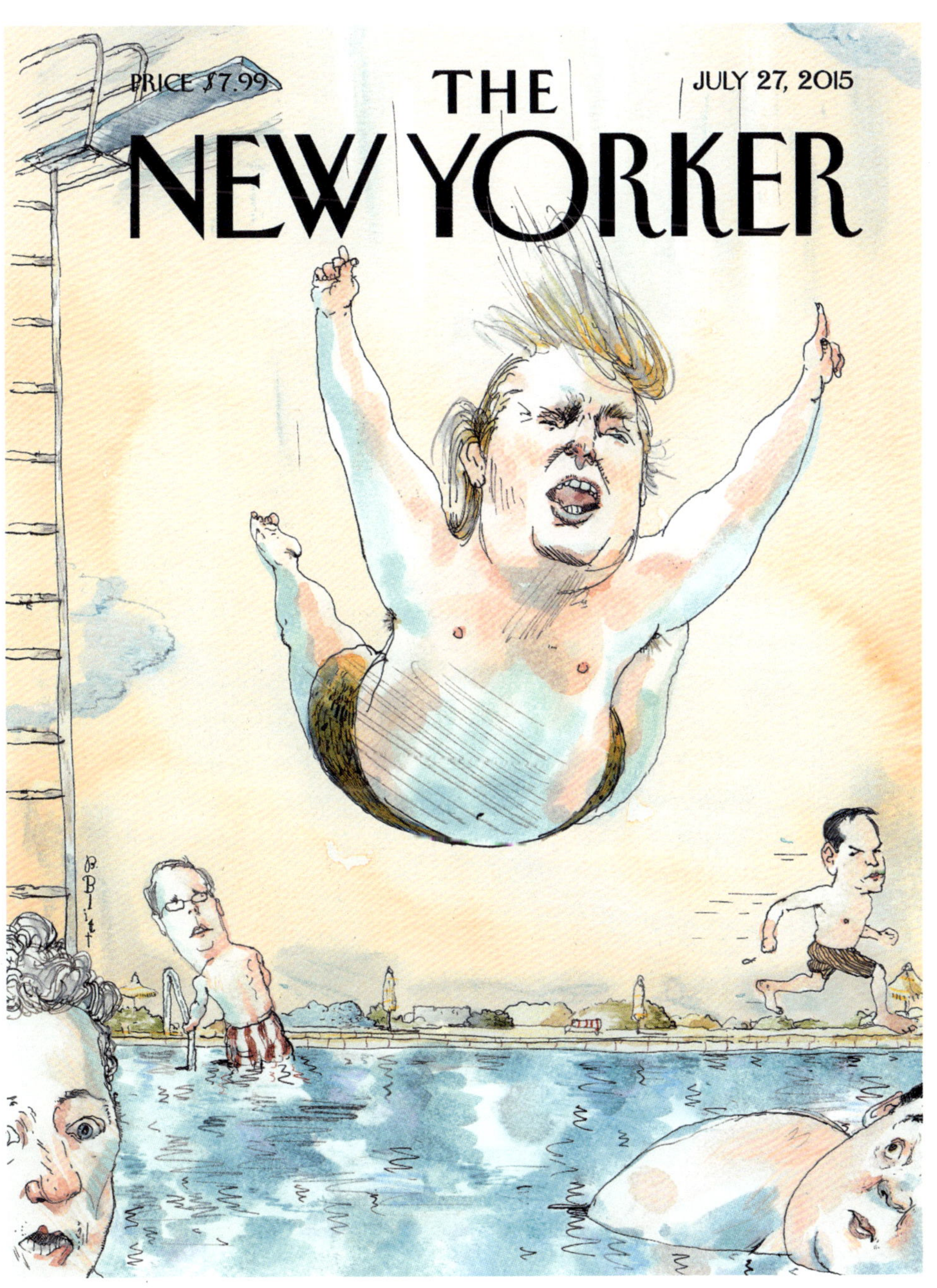

☒ Barry Blitt, 2015
»Belly Flop«
The New Yorker
Art Director: Françoise Mouly

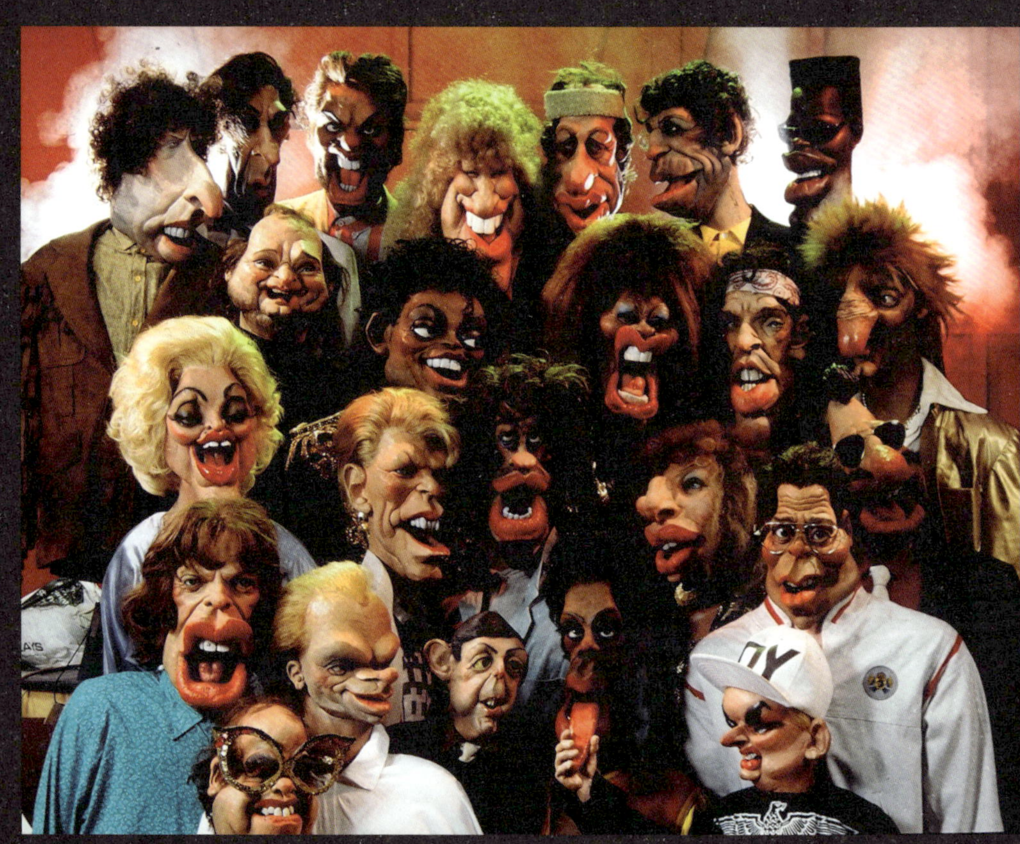

☒ Spitting Image, 1988
Pop Stars
Art Director: Roger Law

In der dritten Dimension
Bewegt, bewegend

Eine Karikatur muss nicht auf statische Bilder beschränkt bleiben. So fertigte der französische Künstler Honoré Daumier schon im 19. Jahrhundert tönerne Büsten an, um mit ihnen die Politiker seiner Zeit durch den Kakao zu ziehen. Im 20. Jahrhundert wurde Daumiers Vermächtnis in Großbritannien von »Spitting Image« aufgegriffen, einer in den Jahren 1984 bis 1996 wöchentlich im britischen Fernsehen ausgestrahlten Satireshow, die Latexpuppen verwendete, um die Helden und Bösewichte der Welt dreidimensional zu karikieren und parodieren.

Manche dieser Spitting-Image-Puppen haben es zu einer ähnlichen Berühmtheit gebracht wie die von ihnen karikierten Persönlichkeiten – etwa die des früheren US-amerikanischen Präsidenten Ronald Reagan, der meistens im Bett bei einem Nickerchen gefilmt wurde, jedenfalls niemals beschäftigt zu sein schien oder auch nur dazu bereit, einem anderen zuzuhören, oder die als aggressiv-autoritäres Mannweib dargestellte britische Premierministerin Margaret Thatcher. Das Prinzip einer solchen dreidimensionalen Karikatur unterscheidet sich aber nicht wesentlich von der zweidimensional mit Papier und Bleistift erzeugten: Hier wie da geht es darum, Äußerlichkeiten oder wichtige Wesensmerkmale einer Person bis zur Kenntlichkeit zu übertreiben.

Der Schlüssel zum Erfolg – so Roger Law, einer der beiden Erfinder und wichtigsten Figurenschöpfer dieser Show – liegt dabei im möglichst umfassenden Erfassen der zu karikierenden Persönlichkeit aus allen Blickwinkeln. Eine wichtige Komponente waren zudem die Sprecher. Law ließ Stimmkarikaturen entwickeln, die die Sprechticks der einzelnen Promis genau nachahmten.

Heute, im digitalen Zeitalter, gibt es noch viele weitere Möglichkeiten, Karikaturen zum Leben zu erwecken. Nur das Prinzip der Karikatur ist stets dasselbe – egal in welcher Dimension.

Mit Klischees spielen

Brad Holland / Gary Taxali / John Cuneo / Gérard DuBois / Tim O'Brien / Mirko Ilić / Christoph Niemann

Das Offensichtliche untergraben
Wenn Klischees nützlich sind

Brad Holland bemüht sich im Allgemeinen darum, keine Klischees in seiner Arbeit zu verwenden. »Aber wenn sie nützlich sind, sind sie nützlich«, sagt er. Hier verbindet er zwei offensichtliche, leicht »lesbare« Bildelemente, das »offene« Gehirn und die sich wie ein Labyrinth verschlingenden »Gehirnwindungen«, als Klischeedarstellung für »das Denken«. Dann fügt er ein drittes Bildelement hinzu, den Gordischen Knoten, um die ersten beiden Elemente in ihrer Offensichtlichkeit zu untergraben. Alle drei Elemente zusammen illustrieren perfekt die in sich widersprüchliche Textaussage des Motivs.

Diese Zeichnung ist eine von 40 Zeichnungen, die der US-amerikanische Illustrator für seinen Blog (»Poor Bradford's Almanac«) angefertigt hat. Die Idee übernahm er von einem Gemälde, das er früher einmal gemacht hatte – nicht als Strichzeichnung wie hier, sondern in realistischer Manier. Dieses zeigte einen Glatzkopf mit aufgemaltem Labyrinth und Knoten in der Mitte.

»Das Gemälde gefiel mir, aber ich fand es unbefriedigend, eine Strichzeichnung als Schlüsselelement verwenden zu müssen«, erläutert er. Doch als er fertig war, fragte er sich, ob es anders herum nicht besser wirken würde – »das Gesicht flach machen und das ganze Ding als Strichzeichnung anlegen.« So wanderte die Idee erst einmal in die Schublade

Tatsächlich lässt sich eine solche Umsetzung nicht strategisch planen. Solche Illustrationen entstehen meist spontan – oder gar nicht. Später kann man dann versuchen, den Entstehungsprozess zu analysieren – aber zu einem echten Kunstwerk gehört eben immer auch etwas nicht Erklärbares. Nennen wir es: die künstlerische Intuition.

Offensichtlich ist hier jedenfalls, dass der schlichte Bleistiftstrich tatsächlich besser zum Illustrieren der Idee passt. Das Gleiche gilt für die hingekritzelte Schrift, die das Ganze in seiner Wirkung noch unterstreicht. Der abstrakte Hintergrund passt gut zur Welt der Gedanken, um die es hier geht, während die verschiedenfarbige Schrift dem Ganzen noch eine besondere Note verleiht – wie ein Gedankenblitz.

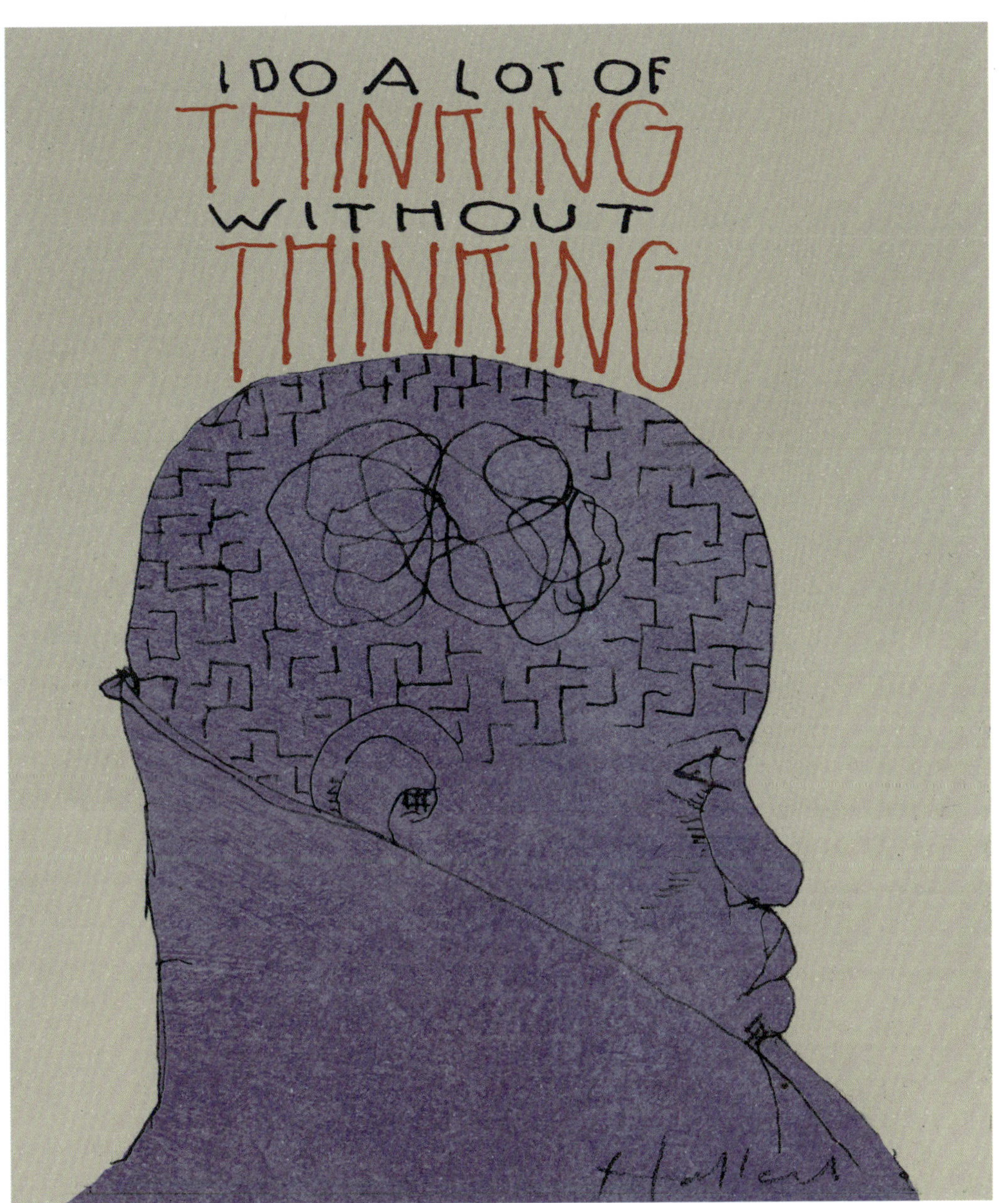

☒ Brad Holland, 2016
»Thinking Without Thinking«
Poor Bradford's Almanac

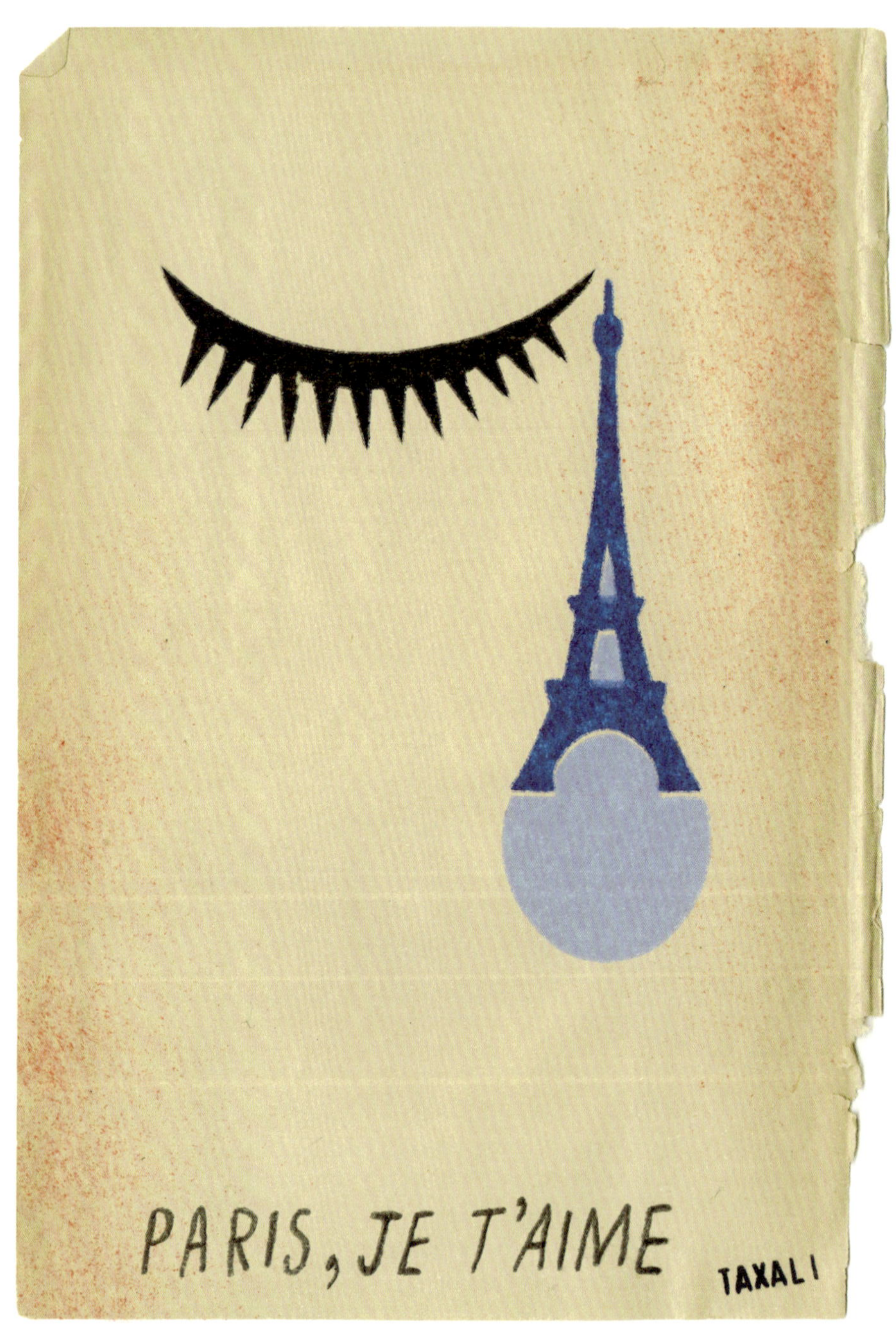
PARIS, JE T'AIME
TAXALI

Neue Kunst mit Altbekanntem
Auf traurige Weise vertraut

Für diese Illustration des in Indien geborenen, im kanadischen Toronto aufgewachsenen Künstlers Gary Taxali gab es einen traurigen Anlass: die terroristischen Anschläge auf das Bataclan-Theater und andere Orte in Paris, bei denen im Jahr 2015 insgesamt 130 Menschen getötet wurden.

Mit Klischees zu spielen, muss nicht immer einen humorvollen, ironisch-parodistischen Kontext bedeuten, es kann auch in einen ganz anderen, ernsten Zusammenhang gestellt werden. Allerdings ist der Grat, auf dem sich der Illustrator dabei bewegt, besonders schmal. Taxali sagt dazu: »Als Künstler ist es mein Job, einen originellen Blickwinkel einzunehmen, um effektiv zu kommunizieren. Es bringt nichts, Bilder zu machen, die schon mal gemalt wurden. Das ist langweilig, und keiner hat etwas davon.« Aber auch im Arrangement von Altbekanntem kann neue Kunst entstehen. Seine Illustration eines geschlossenen Auges mit einer Träne, die den Eiffelturm umschließt, war für Taxali der stärkstmögliche Ausdruck seiner persönlichen Trauer – und gut übertragbar auf das Mitgefühl der Öffentlichkeit. Dazu fügte er noch die Zeile »Paris, je t'aime« hinzu, in Anklang an den so betitelten Episodenfilm aus dem Jahr 2006, der eine cineastische Hommage an die Stadt ist.

»Paris ist eine der Städte, die der ganzen Welt gehören«, sagt er, dessen Illustration nun seinerseits eine Hommage an die Seinemetropole ist.

Die unfassbare Brutalität des Anschlags löste auf der ganzen Welt eine kollektive Trauer aus. Auch dieser Trauer gibt die Illustration Ausdruck. Taxali erhielt viele emotionale Posts von Parisern und Menschen aus aller Welt, die ihm für seine nur über die sozialen Medien verbreitete Arbeit dankten.

☒ Gary Taxali, 2015
»Paris, je t'aime«
(nicht im Druck publiziert)

Humor mit ernstem Hintergrund
Das Bewusstsein der Leser schärfen

Eine Zeichnung für das Cover eines Magazins wie *The New Yorker* spricht den Betrachter unmittelbar an. Sowohl der Illustrator als auch der Betrachter kommunizieren direkt miteinander. Dabei ist es immer von Vorteil, ein Thema aufzugreifen, das gerade in aller Munde ist. In diesem Fall geht es um die Schweinegrippe, von der man in New York fürchtete, dass sie ausbrechen und sich immer weiter verbreiten könnte.

Aber auch hier gibt es einen schmalen Grat, den der Illustrator bei seiner Arbeit im Auge behalten muss. Gerade weil ein Thema sowieso schon in aller Munde ist, darf das Motiv nicht einfallslos, nicht zu schnell durchschaubar sein. Hier ging es dem US-amerikanischen Illustrator darum, einerseits schnell die Aufmerksamkeit des Betrachters zu erzielen, ihn aber anderseits doch noch ein bisschen rätseln zu lassen.

»Ich hoffe, dass der Leser zunächst diese anthropomorphe Figur mustert – ein Schwein, wenn auch klein und harmlos scheinend wie eine alte Dame – , dann aber auch wahrnehmen wird, dass die sonst immer so volle New Yorker U-Bahn fast leer ist und die wenigen Passagiere Angst haben«, sagt Cuneo zu seiner Illustration. »Angesichts der aktuellen Ereignisse wird ihm so wohl bald klar, dass die gepflegte kleine Dame wohl doch nicht so harmlos ist, wie sie scheint.«

Als Cuneo die Zeichnung einreichte, war die Panik vor dem Ausbruch der Seuche so groß, dass man die Darstellung für unangemessen hielt. Erst als klar wurde, dass die Gefahr doch nicht so groß war wie befürchtet, nahmen die Herausgeber sie auf das Cover.

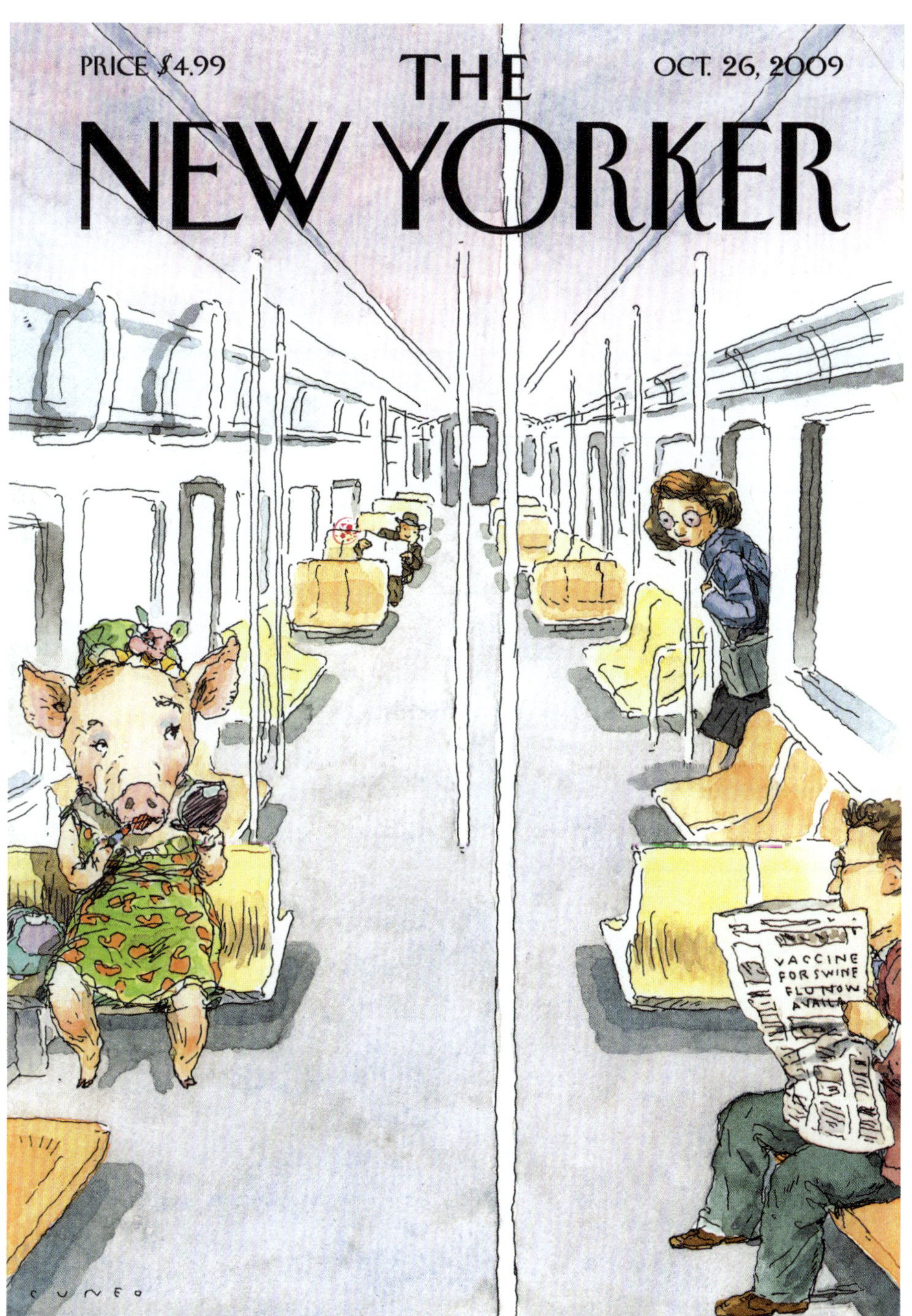

☒ John Cuneo, 2009
»Flu Season«
The New Yorker
Art Director: Françoise Mouly

Intuitives Denken
»Gehirnwäsche« – mit dem Kamm

Das menschliche Gehirn ist leicht zu erkennen, gut zu zeichnen und wird beispielsweise gern für die visuelle Darstellung von Intelligenz oder von psychologischen Themen verwendet. So wäre es auch für den französischen Künstler Gérard DuBois naheliegend gewesen, mit einem solchen Symbolbild als Klischee zu arbeiten, als er von der *New York Times* den Auftrag erhielt, eine Kolumne zu illustrieren, die Themen rund um das menschliche Denken zum Inhalt hatte. Doch dann hatte er eine andere Eingebung …

Auch DuBois arbeitet gern mit Klischees. Jedenfalls zu Beginn eines Arbeitsprozesses. »Das geschieht zunächst ganz spielerisch«, sagt er selbst, »aber irgendwann vermischen mein Gehirn und meine Hand, was da ist, und es entsteht im besten Fall etwas Neues.« Manchmal reichen eine kleine Abänderung oder ein anderer Blickwinkel auf die Zeichnung, ein kleiner Kringel oder das genaue Gegenteil des ersten Entwurfs, um zur finalen Version zu gelangen. »Und da ist es dann. Die Idee, die Komposition, die Zeichnung, die Stimmung – alles kommt schließlich zusammen. Aber nur, wenn ich Glück habe.«

In diesem Fall versuchte er »den Rhythmus und die Ordnung zu zeigen, die in einem Gehirn herrscht«, und nach einigen Versuchen stimmte dieser intuitiv entstandene Entwurf »genau mit dem überein«, was er »ausdrücken wollte.« Mit dem Titel seiner Illustration aber setzte er einen Kontrapunkt zur visuellen Aussage: »Stream of Consciousness« (Bewusstseinsstrom) bezeichnet auch eine literarische Erzähltechnik, die das, was handelnde Personen denken, scheinbar ungebrochen – direkt – wiedergeben. Das Bild scheint dem direkten Bewusstseinsstrom zu entsprechen, doch im Titel klingt auch das Unbewusste an, das (auch) unser Denken beeinflusst.

Um die Regeln der Konvention zu durchbrechen, muss der Illustrator bewusste Assoziationen genauso wie unbewusste zulassen und möglichst frei an ein Thema herangehen. Und bei einem anspruchsvollen Publikum wie dem der *New York Times* muss man sich noch ein bisschen mehr einfallen lassen als bei anderen Aufgaben. Also: warten auf die richtige Intuition.

⊠ Gérard DuBois, 2015
»It's Not a Stream of Consciousness«
The New York Times
Art Director: Aviva Michaelov

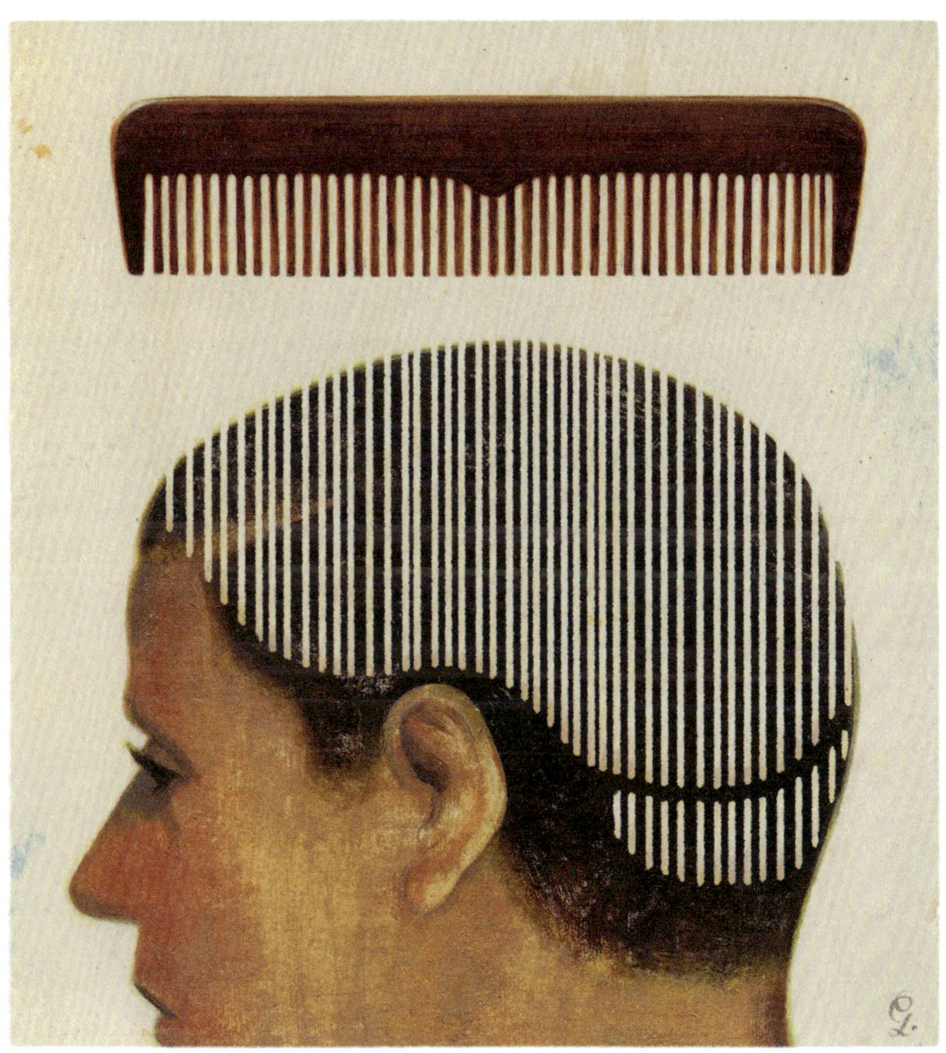

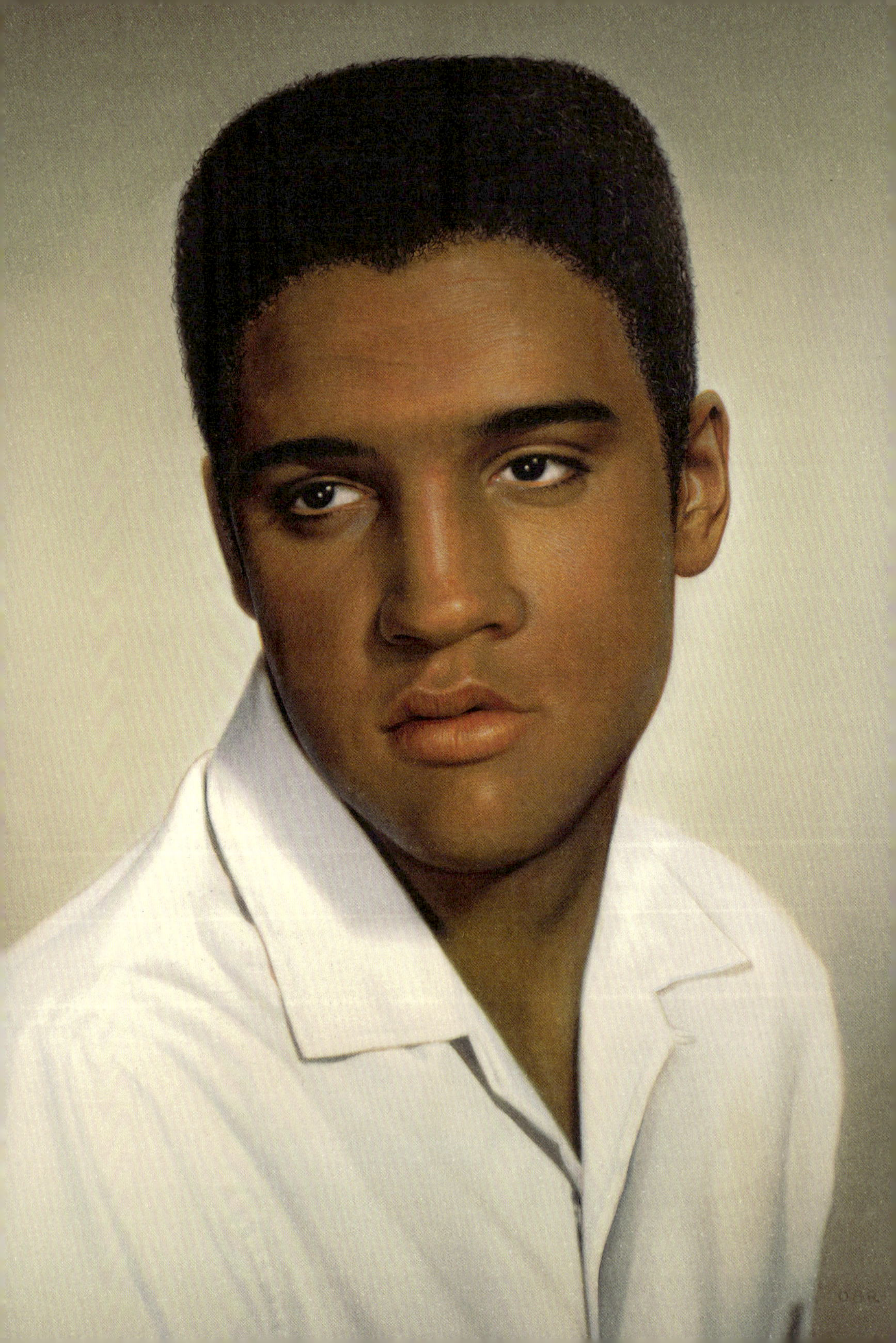

Porträts variieren
Ein Facelift für den King

Manche Porträts berühmter Leute hat man schon so oft gesehen, dass man sie auch dann erkennt, wenn man nur die Augen, den Mund oder die Frisur sieht. Das Gesicht von Elvis, »dem King of Rock 'n' Roll«, gehört definitiv dazu: eine Ikone der Popkultur.

Der in Brooklyn, New York, lebende und arbeitende sowie am dortigen Pratt Institute lehrende Illustrator und Porträtmaler Tim O'Brien hat ein Faible für die Popkultur und schon oft mit täuschend ähnlichen Porträts von Berühmtheiten gearbeitet, die er oftmals in einem nur kleinen – aber entscheidenden – Detail verändert bzw. sie in einen anderen als den gewohnten Kontext setzt. Diese Illustration entstand im Sommer 2016, als sich in den USA die Fälle häuften, in denen junge schwarze Männer von Polizisten erschossen wurden.

»Ich habe über Amerikas schwieriges Verhältnis zum Rassenthema nachgedacht«, erläutert O'Brien. »Das weiße Amerika liebt die schwarze Kultur, schafft es aber oft nicht, diese Liebe mit den Menschen, die dahinterstehen, in Verbindung zu bringen.«

Elvis' Musik hatte ihre Wurzeln in der schwarzen Musikkultur. Aber wäre er, »der weiße Junge aus Tupelo/Mississippi«, zum »King of Rock 'n' Roll« ausgerufen worden, wenn er so ausgesehen hätte wie auf dieser Zeichnung?

O'Brien hat auch eine schwarze Marilyn Monroe gezeichnet und »den Brexit« als Frauenfigur in der berühmten »Titanic«-Pose von Kate Winslet auf einem sinkenden Schiff. Der Trick ist jeweils der Gleiche: den Betrachter für einen Augenblick glauben zu lassen, was er sieht, bevor er feststellt, dass etwas nicht stimmt.

☒ Tim O'Brien, 2016
»Black Elvis«
Blab!
Editor: Monte Beauchamp

Stereotypen auswählen
Zwei Halbe ergeben ein Ganzes

Ein ständiges Dilemma für einen Illustrator ist, wie er eine Gruppe von Individuen darstellen soll. Mit einem Porträt oder einer Karikatur kann eine bestimmte Person ganz individuell idealisiert, romantisiert oder auch dämonisiert werden, aber wenn es um Menschenmengen geht, weicht das Individuelle dem Allgemeinen – der Verallgemeinerung. Deshalb werden Illustratoren nicht selten von Kunden gebeten, eine repräsentative Anzahl beider Geschlechter, verschiedener Rassen oder ethnischer Gruppen zu zeigen, um auszuschließen, der Voreingenommenheit bezichtigt zu werden.

Als der in New York lebende und arbeitende gebürtige Bosnier Mirko Ilić seine Briefmarkenserie mit dem Titel »HeForShe« entwarf, stand er vor dem Dilemma, Individuen darstellen zu sollen, die nicht für sich als Individuum, sondern für etwas Allgemeineres stehen sollten. Auftraggeber war eine Abteilung der Vereinten Nationen, die sich rund um den Globus für die Gleichwertigkeit der Geschlechter und eine Stärkung der Frauenrechte einsetzt. Ein Anliegen, das jede und jeden angeht, unabhängig von Geschlecht, Herkunft oder sonstigen Fragen. Wie aber sollte man dieses Anliegen visuell *nicht* individualisieren, ohne jemanden auszuschließen, weil er sich in der Darstellung nicht wiedererkennt, sich damit also nicht im positiven Sinne identifizieren kann?

Es gab bereits eine Kampagne dieser UN-Abteilung, die mit einem halben Frauengesicht arbeitete. »Ich entschloss mich, die männliche Version ebenso anzulegen; sodass sie, nebeneinander gelegt, ein ganzes Gesicht ergeben«, sagt Ilić. Um die Briefmarken zu bewerben, gestaltete er ein Poster, das alle möglichen Gesichtskombinationen zeigt – jeweils männlich und weiblich, immer das gleiche Gesicht, aber so modifiziert, dass unterschiedliche Ethnien erkennbar werden.

So enstand eine mit einem einzelnen Individuum arbeitende und doch die Menschheit als Ganzes verkörpernde Darstellung, bei der sich die individuelle Darstellung jeweils verändert, die Identität aller Individuen aber gleich – nämlich: menschlich – ist.

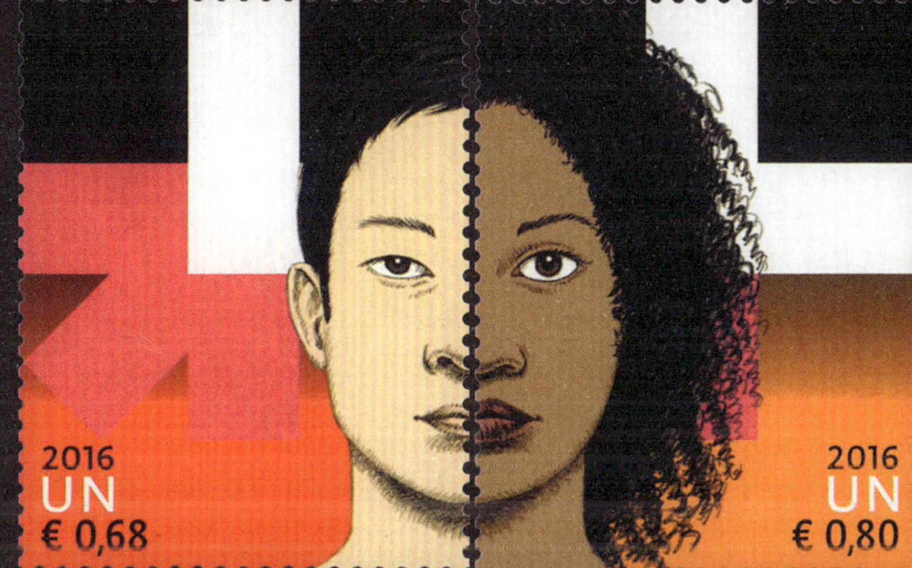

☒ Mirko Ilić, 2016
»HeForShe«
Briefmarken für die Postverwaltung der Vereinten Nationen; Art Director: Sergio Baradat

Zeichenobjekte
Neu arrangiert

Die Kombination realer Gegenstände mit gezeichneten ist kein neues Konzept, erfordert aber viel Improvisation und bringt immer wieder überraschende Ergebnisse mit sich.

Der lange in New York sowie nun in Berlin lebende und arbeitende deutsche Illustrator, Grafiker und Autor Christoph Niemann ist ein Meister solcher originellen Kombinationen. Er nimmt einen Gegenstand oder ein Blatt Papier und betrachtet es, bis er etwas völlig Unvorhersehbares darin erkennt: Das passiert »einfach so«, und genau darin liegt der Reiz. Für dieses Cover seines 2017 auch als deutsche Ausgabe bei Knesebeck erschienenen Buches »Sunday Sketching« fotografierte er zunächst ein offenes Tintenfass von oben. Nach eingehender Betrachtung erkannte er die Ähnlichkeit mit einem alten Fotoapparat und malte schließlich ein Selbstporträt, das er so mit dem Tintenfass kombinierte, dass es aussieht, als würde er damit ein Foto machen.

Das Bild ist Teil einer Serie, die ohne einen speziellen redaktionellen Zweck entstand. Es ging ihm darum, sagt Niemann, »eine neue Sicht auf einen altbekannten Gegenstand zu ermöglichen«. Diese neue Sichtweise »soll dem Betrachter und mir selbst als Inspiration dienen, unsere visuelle Umgebung mit anderen Augen zu betrachten.«

Niemann verwendet auch andere Requisiten nach dem gleichen Prinzip – einen Bleistiftspitzer als Blume beispielsweise, eine halbe Avocado als Baseball-Handschuh (der Kern als Ball), zwei Bananen als hinterer Teil eines galoppierenden Pferdes oder eine Muschel als Haar eines Schwimmers, der dabei ist, in den Ozean zu springen. Was in der Umsetzung sofort überzeugt, erfordert in der Praxis jedoch einen geübten Blick und eine bestimmte Art von Humor. Niemanns Zeichnungen sind voller Überraschungen, und selbst wenn das Konzept nicht neu ist, sind seine Möglichkeiten doch unendlich.

☒ Christoph Niemann, 2016
»Sunday Sketch: Camera«
Sunday Sketching
Abrams Books

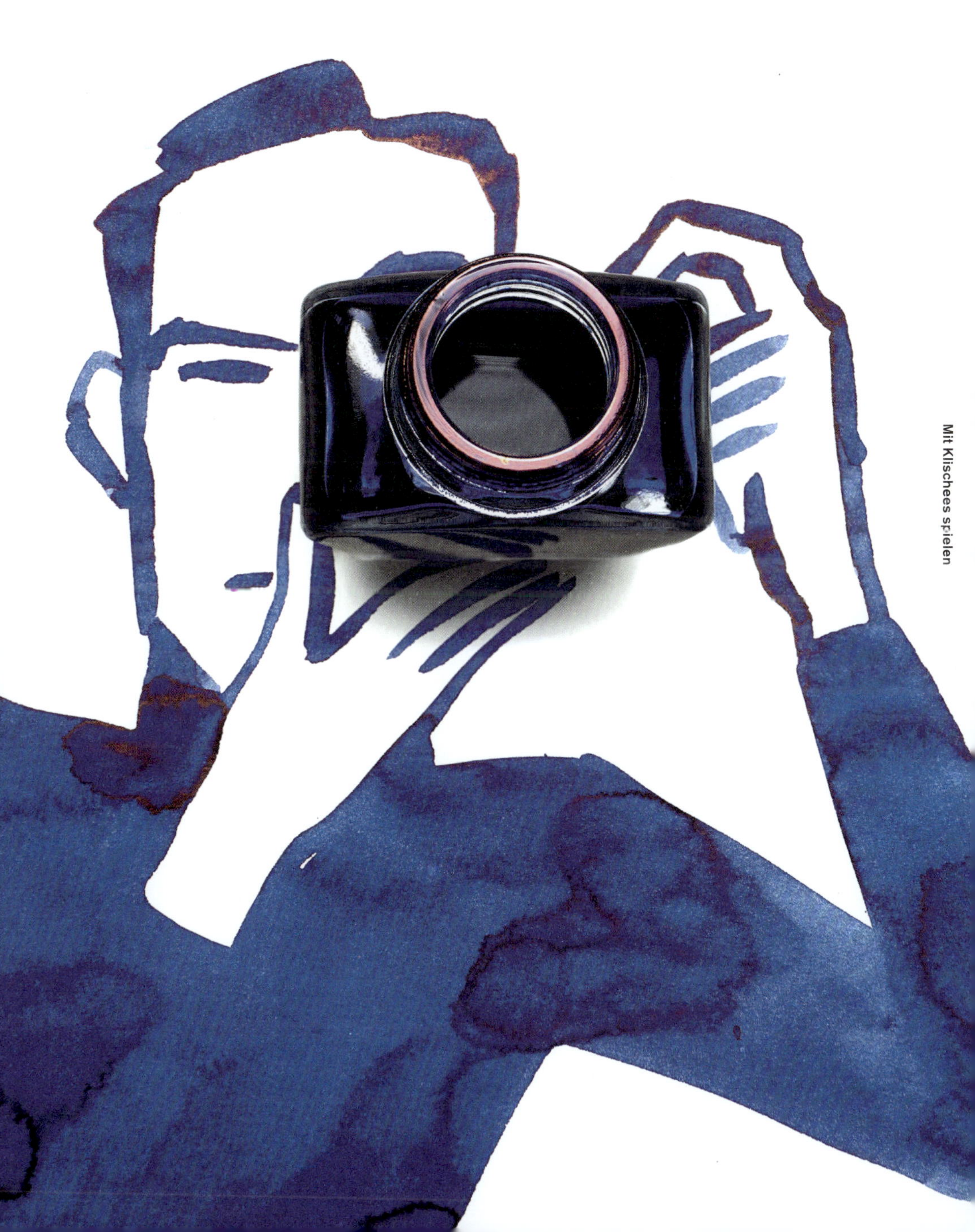

Symbole und Metaphern

Silja Goetz / Emily Forgot / Ulla Puggaard / Noma Bar / Olimpia Zagnoli / Lorenzo Gritti / Emiliano Ponzi / Marshall Arisman / Francesco Zorzi / Klaas Verplancke

Ideen von gestern
Retro-Chic

Stilmittel und Ideen vergangener Tage aufzugreifen – etwa den im 19. Jahrhundert recht beliebten Scherenschnitt wie hier – kann bei der richtigen Umsetzung in einen modernen Kontext interessante Ergebnisse erzielen. Dieser Entwurf der in Madrid lebenden deutschen Illustratorin Silja Goetz bedient sich dieser Methode sehr geschickt als zeitgenössische Metapher für eine unter der Prüderie viktorianischer Zeiten lodernde Sexualität.

Entworfen wurde dieser Buchumschlag für einen kontrovers diskutierten Roman von Jerome Charyn, der sich darin literarisch in die real in den Jahren 1830 bis 1886 lebende Autorin Emily Dickinson verwandelt, um in einer Art »erfundener Autobiografie« über deren »fiktional nachempfundene« innere Unruhe und starke Sexualität zu schreiben.

In Zusammenarbeit mit der Art Directorin Gabriele Wilson wurde das grundlegende Konzept der Illustration – die große Leidenschaft anzudeuten, die hinter der properen Fassade lodert – im Detail mehrfach modifiziert, von der Form des Schuhabsatzes bis zur Öllampe. Zudem war die Figur der Emily unter ihrem lilafarbenen Kleid anfangs noch nackt – dann traute man sich doch nicht, so weit zu gehen. Ganz zum Schluss suchte man noch ein eher der Zeit entsprechendes Höschen für sie aus – die letzte von Dutzenden Anpassungen.

⊠ Silja Goetz, 2010
The Secret Life of Emily Dickinson, Illustration
für einen Buchumschlag
W.W. Norton & Company
Art Director: Gabriele Wilson

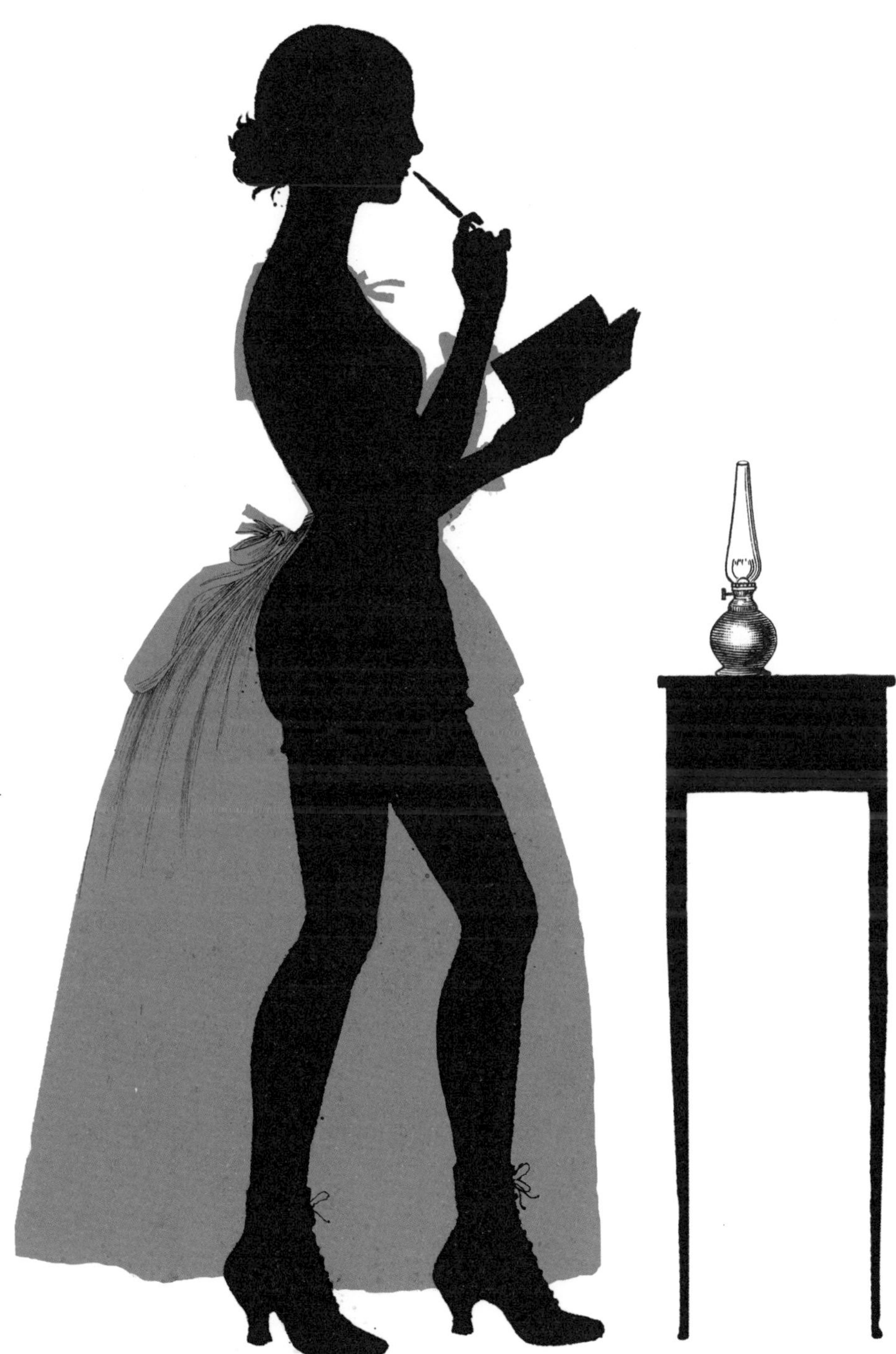

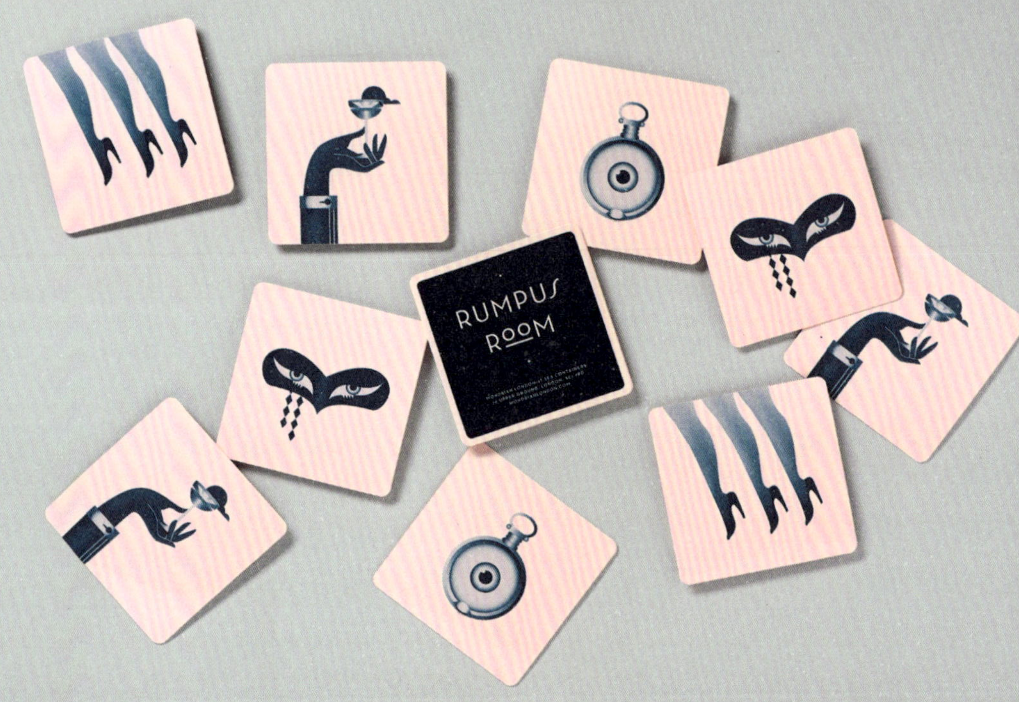
RUMPUS
ROOM

Interpretationsmöglichkeiten
Die Zeichen der Zeit

Viele der Zeichen und Symbole, die wir jeden Tag sehen, nehmen wir als selbstverständlich wahr, weil sie dem Bild der Zeit entsprechen und genau zu ihrer Umgebung passen. Illustratoren vertrauen auf diese Allgemeingültigkeit – um sie dann entweder für ihre Zeichnungen »wörtlich« zu übernehmen – oder das allgemein Verständliche durch eine geheime Botschaft zu unterlaufen. Und manchmal sogar beides …

Für diese Werbekampagne des Magpie Studios für den Rumpus Room, die Dachterrassenbar des Boutique-Hotels Mondrian London, wollte Emily Forgot – so der Spitzname der in London lebenden und arbeitenden britischen Grafikerin und Illustratorin Emily Alston – den Geist der Jazz-Ära und der jungen aristokratischen Bohemians im London der 1920er-Jahre einfangen.

»Ich wählte Motive und Formen aus, die an die 1920er-Jahre erinnern und damals für Unterhaltung und Glamour standen«, sagt Forgot, »wobei ich mir eine gewisse Freiheit erlaubte – ähnlich der, die man sich nach ein paar Martinis zu viel herausnehmen möchte.«

Entsprechend spielerisch ist die Gestaltung, und so überträgt sich auch auf den Betrachter eine gewisse Leichtigkeit: eine willkommene Einladung in das angenehme, zugleich lockere und stilvolle Ambiente dieser hoch über der Themse thronenden Cocktailbar.

☒ Emily Forgot, 2014
Werbekampagne für
Rumpus Room,
Mondrian London
Art Direction:
Magpie Studio

Verblüffendes Nebeneinander
Zwei Symbole, zwei Farben

Schwarz und Rot ergeben eine besonders ausdrucksstarke Farbkombination: Diese fesselt den Blick und bleibt gut im Gedächtnis. Das Auffällige an dieser Illustration hier ist aber nicht allein die Farbwahl, sondern vor allem die verstörende Kombination zweier Symbolbilder – des Luftballons und des Vogelnests. Diese Kombination erregt sogleich Aufmerksamkeit: Worum geht es hier?

Wie die dänische Illustratorin Ulla Puggaard bemerkt, können finanzielle Themen manchmal schwer zu bebildern sein, insbesondere »wenn man auf die typischen Symbole wie Leitern, Regenbögen etc. verzichten will. In diesem Fall habe ich versucht, ein grafisch ansprechendes und kommunikatives Symbol zu finden, das gut zum Design des Magazins passt.«

Konkret geht es um einen Artikel in diesem Magazin, der sich mit riskanten Investitionen (Hedgefonds) in einer prekären wirtschaftlichen Lage beschäftigt. Während das in gediegenem Schwarz dargestellte Nest das klassische finanzielle Sparpolster repräsentiert, steht der in bedrohlich wirkendem Rot gezeichnete Ballon für die Gefahr, zu platzen. Tatsächlich handelt es sich bei Hedgefonds um eine zwar hohe Renditen versprechende, aber hochspekulative Anlagestrategie, die entgegen ihrer Bezeichnung (ein Hedgegeschäft dient in der Regel der Risikoabsicherung) für den Anleger höchst riskant ist.

Als Kind rannte Ulla Puggaard jeden Morgen durch den Wald zur Schule. Heute nutzt sie die Erinnerung daran auch für ihre Arbeit: »Ich verwende oft eine natürliche Umgebung, die mit surrealen Szenen vermischt wird, um ein bestimmtes Thema zu transportieren.«

In diesem Bild sind der spitze Schnabel und die Äste ein Symbol für die Gefährlichkeit des Nestbaus auf einem zum Platzen gefüllten Luftballon. Die Eier könnten zu Boden fallen, wenn der Ballon ein Loch bekommt. In jedem Fall ist es, wie Puggaard sagt, »ein riskantes Unterfangen, auf einem Luftballon ein Nest zu bauen«.

⊠ Ulla Puggaard, 2012
»Risky Investment«
thinkMoney / TD Ameritrade
Art Director: Tom Brown

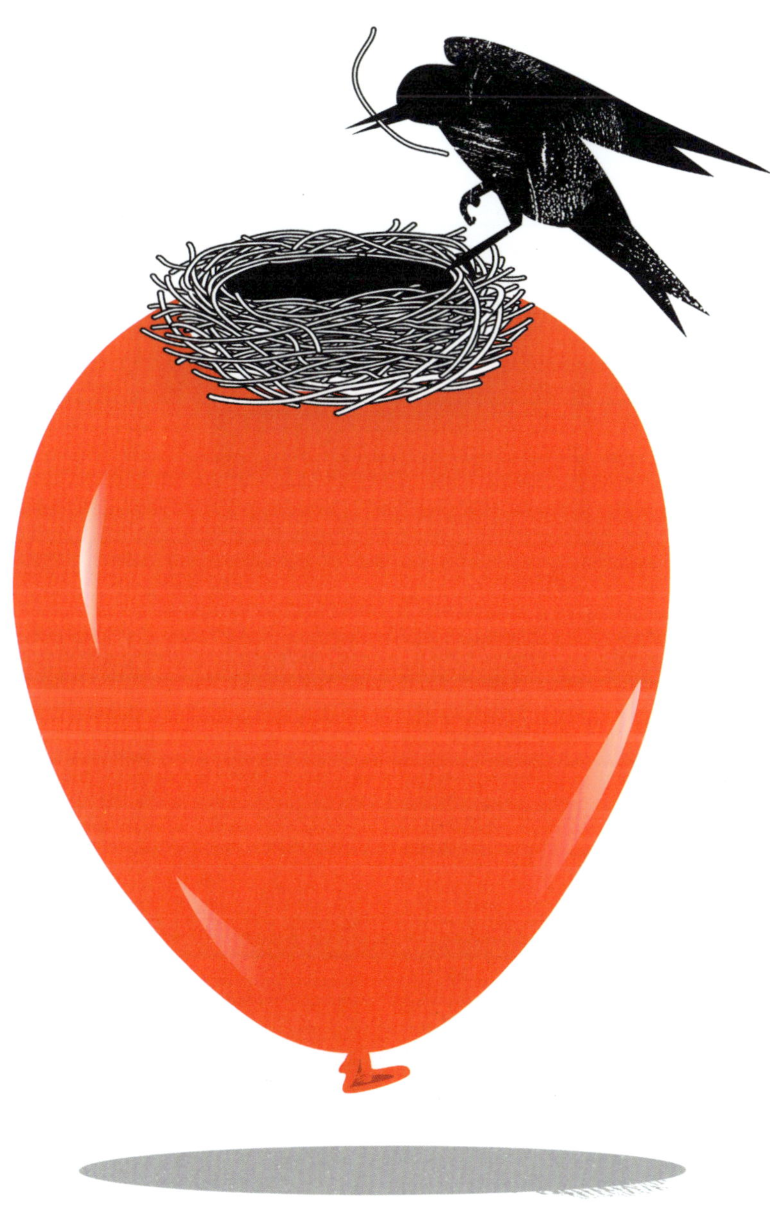

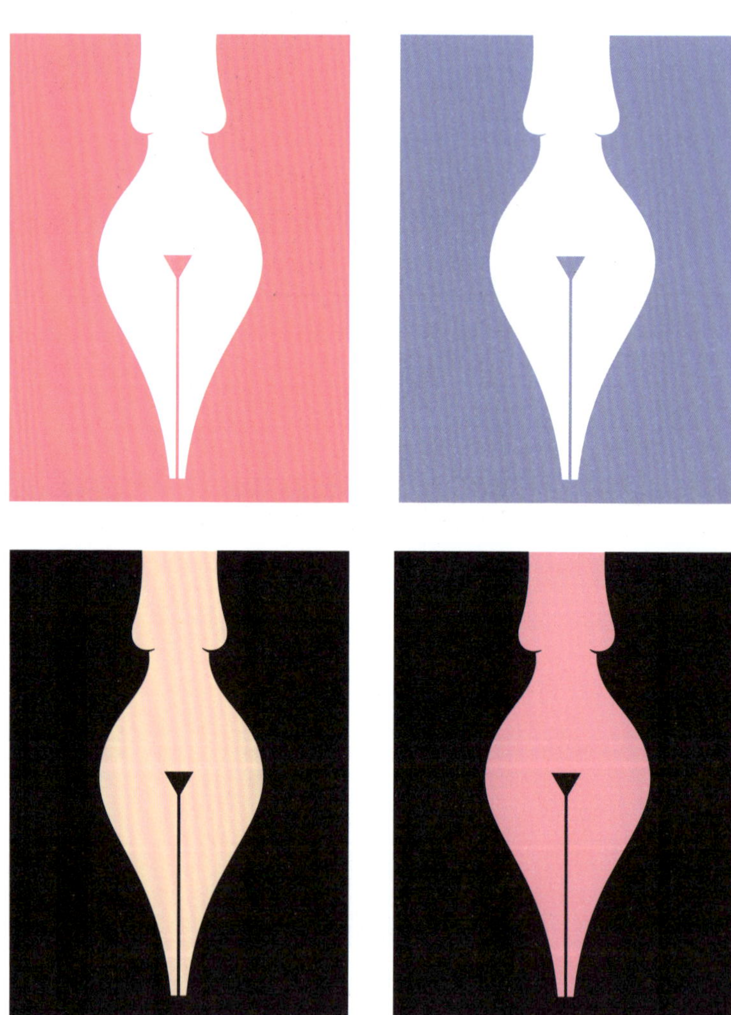

Sinnlichkeit erzeugen
Die Kunst der Anzüglichkeit

Manchmal hat man einfach Glück und sieht es gleich – meistens bedarf es jedoch noch eines zweiten oder dritten Blicks, um eine optische Illusion als solche zu erkennen. Der in London ansässige israelische Künstler Noma Bar hat mehrere Bücher zu diesem Thema publiziert und ist ein Meister darin, mit Smbolen und Metaphern zu arbeiten, die zugleich ganz offensichtlich und doch auch schwer ganz zu erfassen sind.

Über dieses Bild sagt Bar: »Jeder kann selbst entscheiden, was er sieht. Ich nehme an, Sie werden zuerst die Federspitze und dann die weibliche Figur erkennen.«

Dass diese Figur nackt ist und eine gewisse Sinnlichkeit zum Ausdruck bringt, entspricht dem Thema des Artikels, den Bars Zeichnung illustriert. Darin geht es um die Behauptung, dass Frauen nicht erotisch schreiben könnten. Der das behauptet hatte, war natürlich ein Mann, und dem widersprach nun die Autorin Kathy Lette mit leidenschaftlicher Verve. Bar wollte, dass seine Illustration ebenso leidenschaftlich, aber auch logisch und clever wirken würde wie die Argumentation der Autorin. Er fand schließlich die Lösung direkt vor seiner Nase: am Ende seiner Feder

☒ Noma Bar, 2009
»Women Writing about Sex«. *The Times Saturday Review*

Rational romantisch
Inklusive, nicht exklusive

Die in Mailand geborene und nach einigen Berufsjahren in New York heute dort auch wieder lebende Illustratorin Olimpia Zagnoli beschreibt sich selbst als einen kreativen weiblichen Typ, der aus einer Künstlerfamilie stammt, Vespa fährt und große runde Brillengläser trägt – vor allem aber sei sie in der Lage, wie ein beidhändig begabter Oktopus zu zeichnen. Diese erstaunliche Fähigkeit – und der übliche doppelte Espresso zur Stärkung – dürfte ihr eine große Hilfe gewesen sein, als es darum ging, diese Zeichnung für eine der bedeutendsten italienischen Tageszeitungen zu entwerfen, *La Repubblica*.

Visuell umgesetzt werden sollte die Idee, dass Wissenschaftler (und speziell Mathematiker) Geschichtenerzähler seien, die für ihre Storys eine eigene Sprache entwickelt hätten. So schnell ihr klar war, dass sie dafür geometrische Formen verwenden wollte, so klar war auch, dass sie nicht viel über Mathematiker wusste: »Das Einzige in Mathematik oder Wissenschaft, zu dem ich einen Bezug habe, sind Symbole, weil ich sie mir anschauen und mir vorstellen kann, was sie bedeuten.«

Tatsächlich sind wohl nicht sehr viele Leser versiert auf dem Gebiet der höheren Mathematik, doch unter einem Kreis und einem Quadrat kann sich jeder etwas vorstellen. Auch die abstrahiert dargestellten Figuren und ihr Verhältnis zueinander können schnell »gelesen« werden.

»Ich hoffe«, sagt Zagnoli, »diese Illustration wird von Leuten, die nichts mit Mathematik am Hut haben, genauso verstanden wie von Mathematikern oder anderen Wissenschaftlern«.

Zagnoli stellte sich vor, dass die Sprache der Wissenschaft höchst rational sei, nüchtern und klar – also »weder literarisch noch emotional oder dialektisch«. Was nicht heiße, dass sie nicht trotzdem geheimnisvoll-romantisch sein könne. Aus dieser Überlegung heraus entstand diese Illustration, auf der zwei ersichtlich einander zugetane Figuren Worte oder Zeichen austauschen, die nur sie verstehen können. Vielleicht gebrauchen sie ja einen Code. Vielleicht ist aber auch diese Zeichnung der Code, den es vom Betrachter zu entschlüsseln gilt.

⊠ Olimpia Zagnoli, 2015
»Mathematicians are storytellers«
La Repubblica
Art Director: Stefano Cipolla

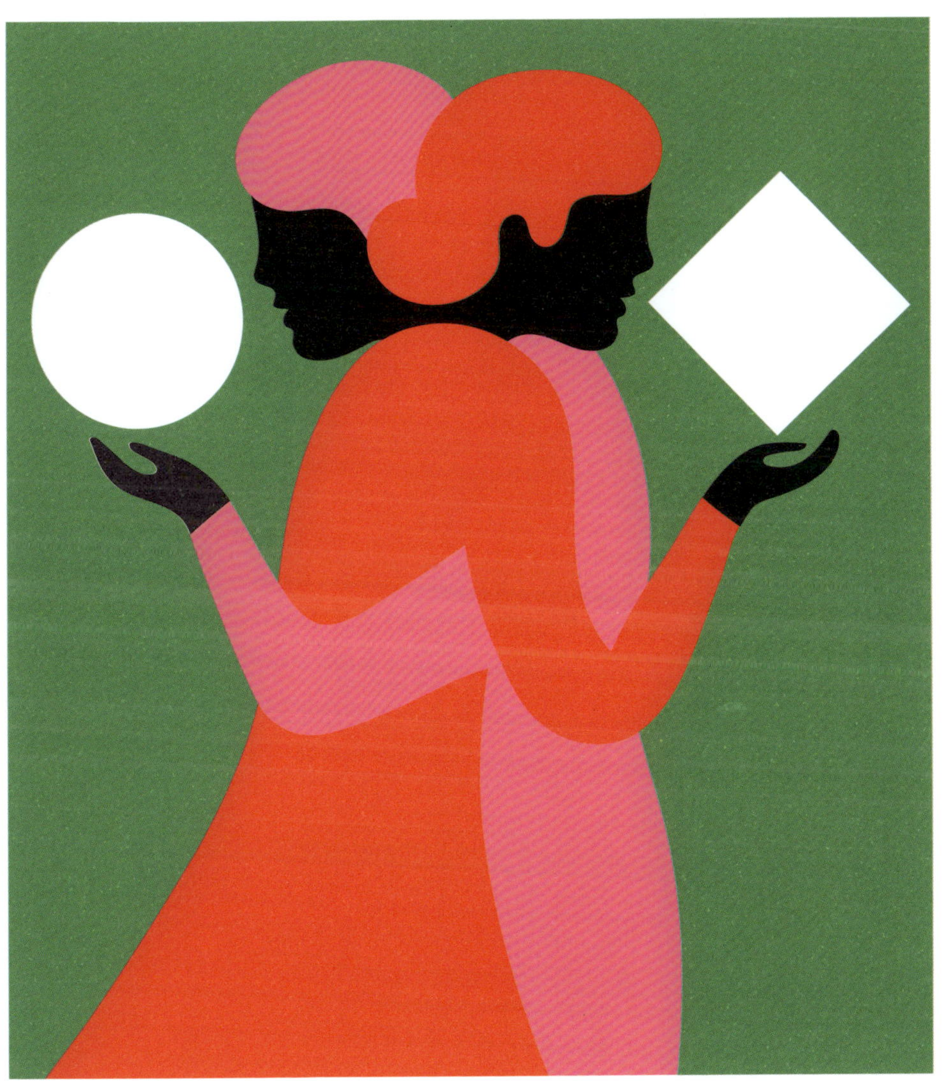

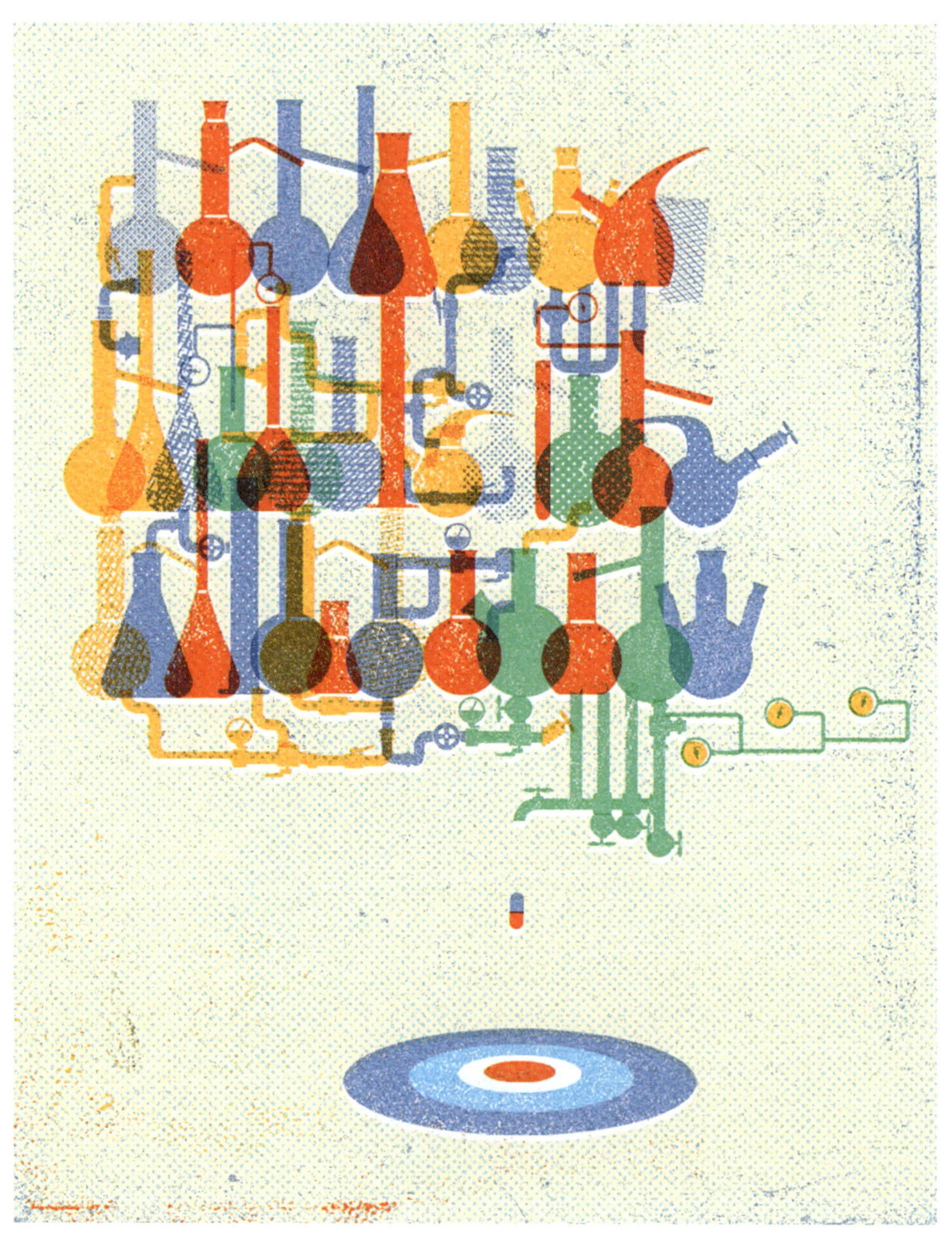

Unpräzise Präzision
Die Kunst, komplexe Sachverhalte abstrahieren zu können

Medizinische Themen zu illustrieren, ist für die meisten Zeichner eine besondere Herausforderung. Ohne grundlegende konzeptionelle Vorüberlegungen geht das nicht, will man diese Themen auch einem nicht-fachkundigen Publikum näherbringen (und das fachkundige nicht langweilen).

Der in Mailand geborene Illustrator Lorenzo Gritti ist für eine solche Herausforderung vielleicht auch deshalb der richtige Mann, weil er zehn Jahre lang als Erzieher gearbeitet hat, ehe er sein künstlerisches Talent zum Beruf machte. Komplexe Sachverhalte zu abstrahieren – ohne sie zu simplifizieren –, ist ein pädagogisches Prinzip, das Gritti gut anwenden konnte, als es darum ging, einen Artikel für *Scientific American*, eine der ältesten und weltweit angesehensten populärwissenschaftlichen Zeitschriften, zu illustrieren, in dem es um die Pros und Kontras der Präzisionsmedizin geht. Dabei handelt es sich um eine neue Methode, mittels genetischer Analyse die medizinische Behandlung individuell abzustimmen.

In der engeren Abstimmung mit dem Art Director, der sich intensiv in das Thema eingearbeitet hatte, ergab sich der gewünschte konzeptionelle Ansatz seiner Illustration: Kritiker der Präzisionsmedizin bezweifeln, dass deren Ergebnisse den großen Aufwand an Recherche und Datenerhebung, der dafür notwendig ist, rechtfertigen. Um diese Kritik visuell umzusetzen, kam Gritti auf die Idee mit den vielen Destillierkolben, die miteinander verbunden sind, aber doch nur eine einzige Tablette hervorbringen. Schöner konnte man diese Kritik, in einem Bild, nicht formulieren.

☒ Lorenzo Gritti, 2016
»Precision Medicine«
Scientific American magazine
Art Director: Michael Mrak

Optische Pointen
Ein Bild, zwei Bedeutungen

Mit einer optischen Pointe verhält es sich nicht anders als mit einer rhetorischen: Sie muss dem, was im Bild wie mit Wörtern zum Ausdruck gebracht wird, eine überraschende – humorvoll-ironische – Wende geben. Wobei der Ausgangspunkt gern etwas Altbekanntes sein kann. Auf die Wendung kommt es an …

In diesem Fall beauftragte die Zeitung *La Repubblica* den in Mailand lebenden und arbeitenden Illustrator Emiliano Ponzi mit der Illustration eines Artikels über die Art und Weise, wie Unternehmen Menschen zum Kaufen und Konsumieren von Gütern anregen. Das naheligende Symbol dafür war und ist der universal gültige Barcode, der zudem den Vorteil hat, sich besonders gut für die unterschiedlichsten grafischen Gestaltungen zu eignen.

Das Ergebnis eines solchen Auftrags bezeichnet Ponzi als »das Produkt eines Dreiecks, bei dem der Illustrator die eine Spitze, der Art Director die zweite und das Publikum die dritte Spitze ist. Zudem müssten alle verwendeten Symbole, sagt er, eine persönliche, künstlerische und allgemeine Bedeutung haben: »Das oberste Ziel ist die Kommunikation.«

In der visuellen Umsetzung erinnerte sich Ponzi an das Märchen von Hänsel und Gretel, die von ihren verarmten Eltern im Wald ausgesetzt werden. Damit sie wieder nach Hause finden, lässt Hänsel Brotkrumen auf dem Weg fallen. Unglücklicherweise fressen die Vögel die Krumen, und die Kinder scheinen im Wald verloren zu sein …

In Ponzis Illustration steht nun der Barcode für den Wald, und die Brotkrumen sind der Köder für die Vögel (bzw. Konsumenten). Für den Betrachter stellt sich deshalb zum einen die Frage, was es mit diesem »Hänsel« auf sich hat, der da die Köder streut. Und zum anderen, was mit den Vögeln geschieht, wenn sie »im Barcode verloren« gehen.

Gibt es, für den einen wie für die anderen, einen Weg zurück?

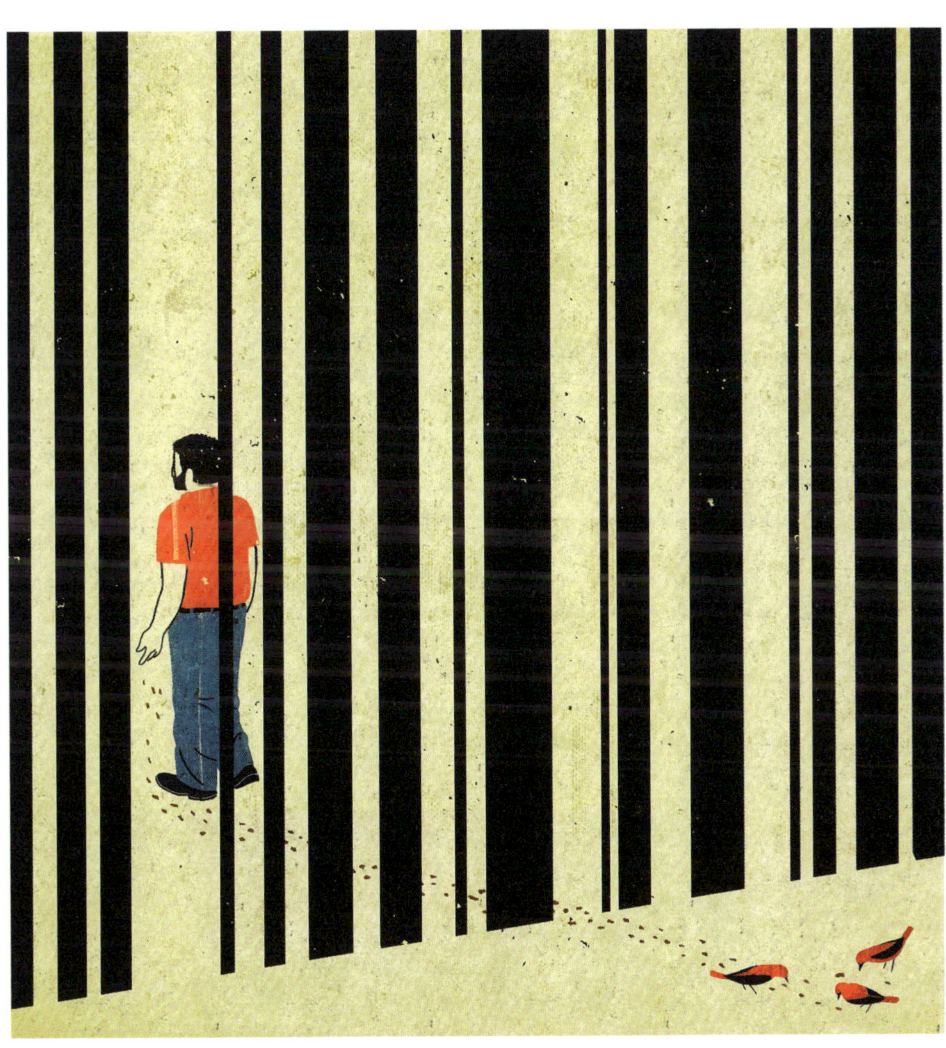

☒ Emiliano Ponzi, 2010
»Lost in the Barcode'
La Repubblica
Art Director: Angelo Rinaldi

Masken
Im wechselnden Spiel der Identitäten

Sinn und Zweck einer Maske in der Kunst wie im echten Leben ist es, eine Identität zu verschleiern. Aus welchen Motiven diese Verschleierung geschieht, ist dabei genauso interessant wie die Frage nach der wahren Identität, die dahinterliegt. *Wenn* es denn die wahre Identität ist, die darunter zum Vorschein kommt, und nicht nur eine andere, neue Maske. So oder so kann eine Maske aber auch in einem ganz praktischen Grund ein Schutz sein – für den Angreifer wie für einen Angegriffenen.

Mit dem Spiel der Masken und ihren möglichen Bedeutungen beschäftigte sich auch der US-amerikanische Künstler Marshall Arisman, als er den Auftrag erhielt, ein Umschlagmotiv für Tom Harris' Roman »The Silence of the Lambs« (deutsch: »Das Schweigen der Lämmer«) zu gestalten. Das Buch erschien im Original 1988, wurde ein Bestseller und 1991 von Jonathan Demme erfolgreich verfilmt. Die Maske, die der inhaftierte kannibalische Psychiater und Serienmörder Hannibal Lector – im Film verkörpert von Anthony Hopkins – trägt, als er der FBI-Agentenanwärterin Clarice Starling (im Film von Jodie Foster gepsielt), die seinen Rat bei der Suche nach einem anderen Serienmörder erhofft, gegenübersitzt, gehört heute zu den Ikonen der Filmgeschichte. In diesem Fall geht es nicht darum, eine Identität zu verschleiern, sondern darum, den Mörder Hannibal Lecter davon abzuhalten, sein Gegenüber zu attackieren und zu verschlingen: Es ist die Maske eines Hockey-Torwarts, bei der der offene Mund- und Nasenbereich mit einem Drahtgitter versehen wurde, um einen tödlichen Biss Lectors zu verhindern.

Arismans Malstil setzt auf expressive Pinselstriche mit stark beunruhigenden Zwischentönen. Die dämonischen roten Augen reflektieren subtil das leuchtende Gelb der Maske. Beides kontrastiert mit der dunklen, unheimlich wirkenden Glatze und der lilafarbenen Unterlippe von Lector. Die Nase erinnert an eine mit Paprika gefüllte Olive, die Zähne sind schmutzig, als wären sie gerade benutzt worden. Was den schockierenden Effekt der Zeichnung unterstreicht, ist die Mundöffnung, die hier nicht wie im Film durch einen Gitterdraht verschlossen ist. Damit untergräbt Arisman den Zweck dieser Vorrichtung: Er hat eine falsche Maske kreiert, die es ihrem Träger ermöglichen könnte, seinen unersättlichen Hunger zu stillen. Die Bedrohung für den Betrachter ist offenkundig – selbst wenn er das fehlende Detail im ersten Moment gar nicht bemerkt.

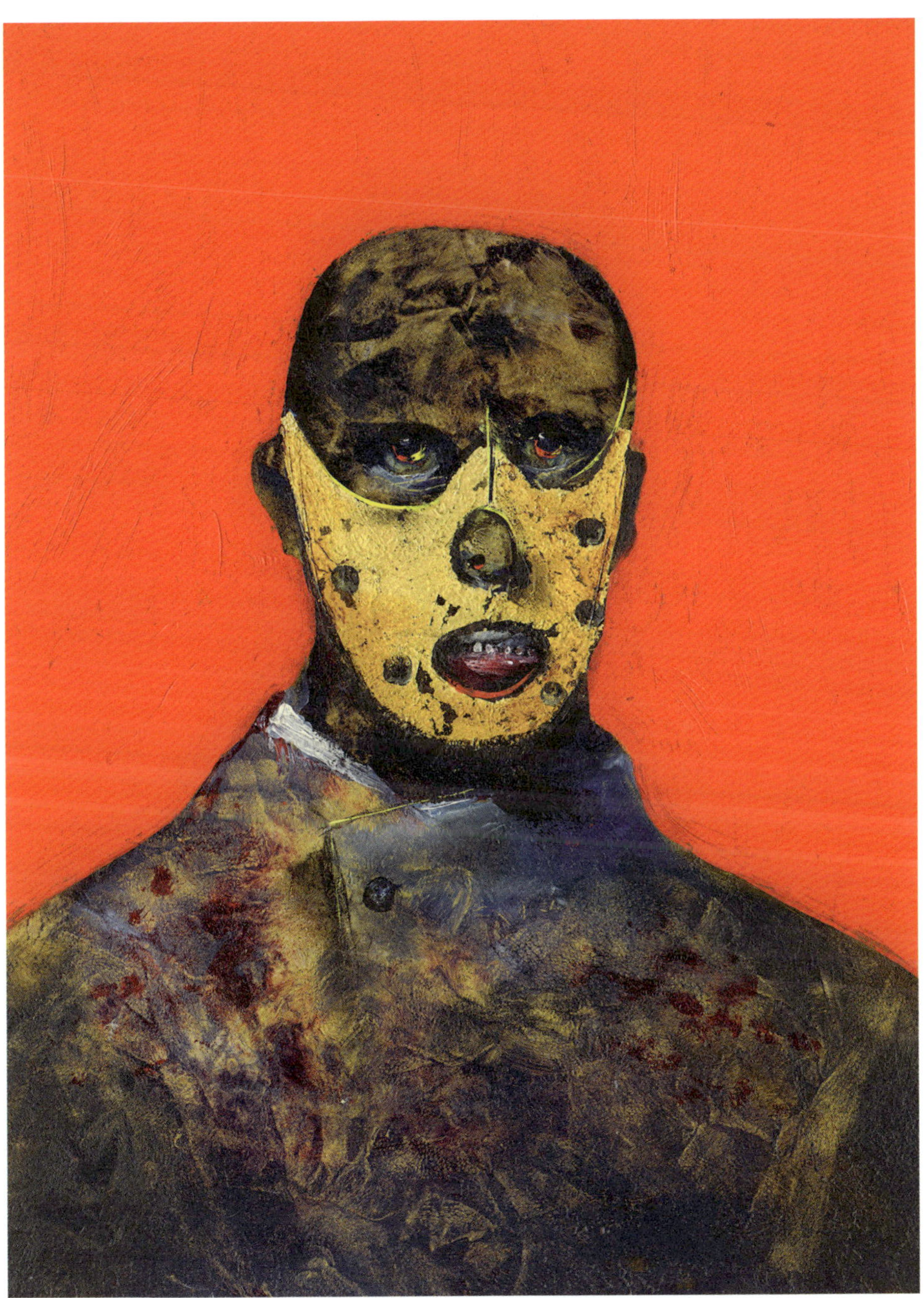

☒ Marshall Arisman, 1991
»The Silence of the Lambs«,
Illustration for einen Buch-
umschlag, Subterranean Press
Art Director: Bill Schafer

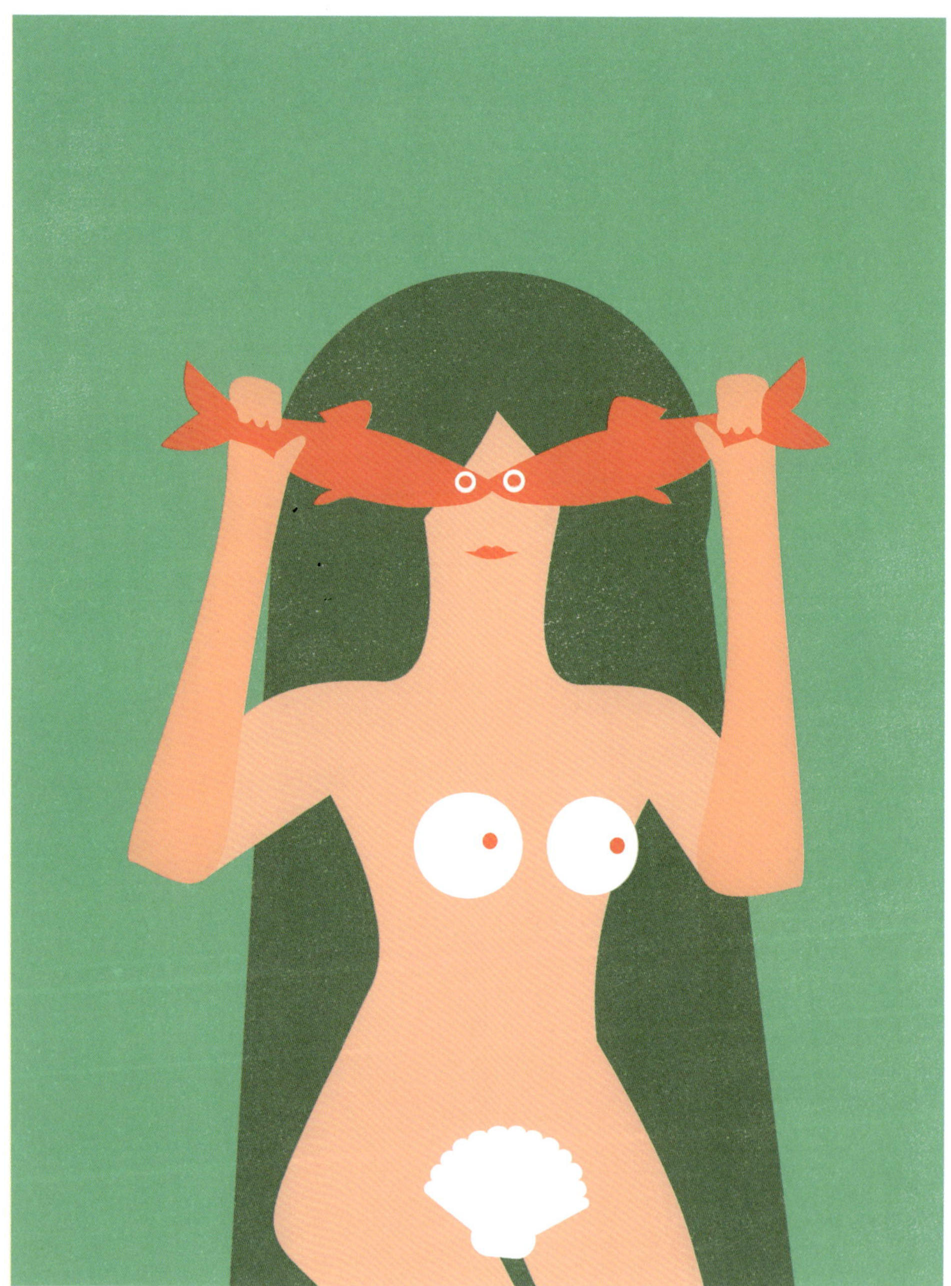

☒ Francesco Zorzi, 2014
»Venus and the Herrings' Kiss«
Spollo Kitchen
Corraini Edizioni

Vieldeutig
Ein Potpourri symbolischer Zutaten

Manchmal erkennt man die Kunst einer Illustration weniger daran, was sie tatsächlich zeigt, als darin, was sie in den Augen des Betrachters auslöst. So ist das auch bei dem wunderbar irritierenden Bild »Venus und der Kuss der Heringe«, das der bei Florenz lebende italienische Illustrator Francesco Zorzi gestaltet hat.

Für »Spollo Kitchen«, ein Kulinarik und Design verknüpfendes Buchprojekt des italienischen Verlags Corraini Edizioni, wurden hundert Künstler gebeten, ein persönliches Rezept beizusteuern und zu illustrieren. Die wesentlichen Zutaten von Zorzis Beitrag waren Heringe und eine Reissorte namens Venus. »Ich musste an Botticellis Venus denken«, erklärt er, das gab die Atmosphäre seiner Zeichnung vor. Dabei hatte er keine spezielle Zielgruppe vor Augen – er »zeichnete und gestaltete ... für mich selbst, als kindlicher, aber auch als erwachsener Leser.«

Als Kind liebte Francesco Zorzi die Bücher von Attilio Cassinelli, der auf ganz manierierte Weise Tiere und Natur malte, ohne sich groß um realistische Farben und Formen zu kümmern.

»Ich fand das immer toll. Deshalb hat auch meine Venus hier grüne Haare, und die Heringe sind korallenrot – das Kind in mir hätte sie genauso bunt angemalt.«

Venus (die Reissorte), Muschel (eine weitere Zutat seines Rezepts und auch auf Botticellis Gemälde »Die Geburt der Venus« zu sehen) – unter Zorzis Stift nahm die Verwandlung ihren Lauf, wobei die wörtliche Bedeutung der einzelnen Elemente sekundär wurde: »Alles sollte nur fürs Auge konzipiert sein, und wenn man diesen Punkt erreicht hat, beginnt die eigentliche Arbeit, denn man muss sich vom Konventionellen frei machen und etwas Unerwartetes kreieren.«

Das Alltägliche transformieren
Ein Baum ist (nicht immer nur) ein Baum

Fallende Blätter, ungerade Stämme, im Wind schaukelnde Äste – Bäume sind ein beliebtes Sujet für Illustratoren. Und ein klares Symbol für Wachstum und Beständigkeit. Was aber nicht die einzige Bedeutung ist, für die ein Baum stehen kann …

Der belgische Autor und Illustrator Klaas Verplancke wählte in diesem Beispiel einen Baum als Metapher für Europa – ein alter Kontinent in gerade mal wieder besonders turbulenten Zeiten. Dieser Baum scheint auseinanderzubrechen (wie Europa), aber die Menschen versuchen, ihn wieder zusammenzubauen. Oder machen sie ihn bei diesem Versuch noch mehr kaputt? Diese zweideutige Interpretation ist durchaus beabsichtigt, denn es geht um Integration und Desintegration.

Verplancke arbeitet gern mit Metaphern und Symbolen, oft in außergewöhnlichen und surrealen Kombinationen, um visuelle Gags zu gestalten, die im Betrachter so etwas wie ein »inneres Lächeln« hervorrufen.

Sein Beispiel zeigt, dass auch der alltäglichste Gegenstand transformiert werden kann, wenn man sich von seinem gewöhnlichen Kontext löst und ihn in ein neues Umfeld versetzt.

Beeinflusst wurde Verplancke bei seiner Arbeit auch vom politischen Profil seines Auftraggebers, der Green European Foundation (GEF); eine vom Europäischen Parlament finanzierte, eng mit der Europäischen Grünen Partei verbundene Stiftung auf europäischer Ebene. »Daher kreisten meine Gedanken um Themen wie Natur, grüne Wirtschaft, Energie, Klima und Multikulturalität.« Die Verwendung eines Baums als Symbolbild scheint da naheliegend zu sein. Aber *wie* Verplancke dieses Symbol einsetzt, gibt ihm eine ganz eigene Bedeutung.

☒ Klaas Verplancke, 2016
»(Dis)United We Stand.
Forces of Integration
& Disintegration«
The Green European Journal

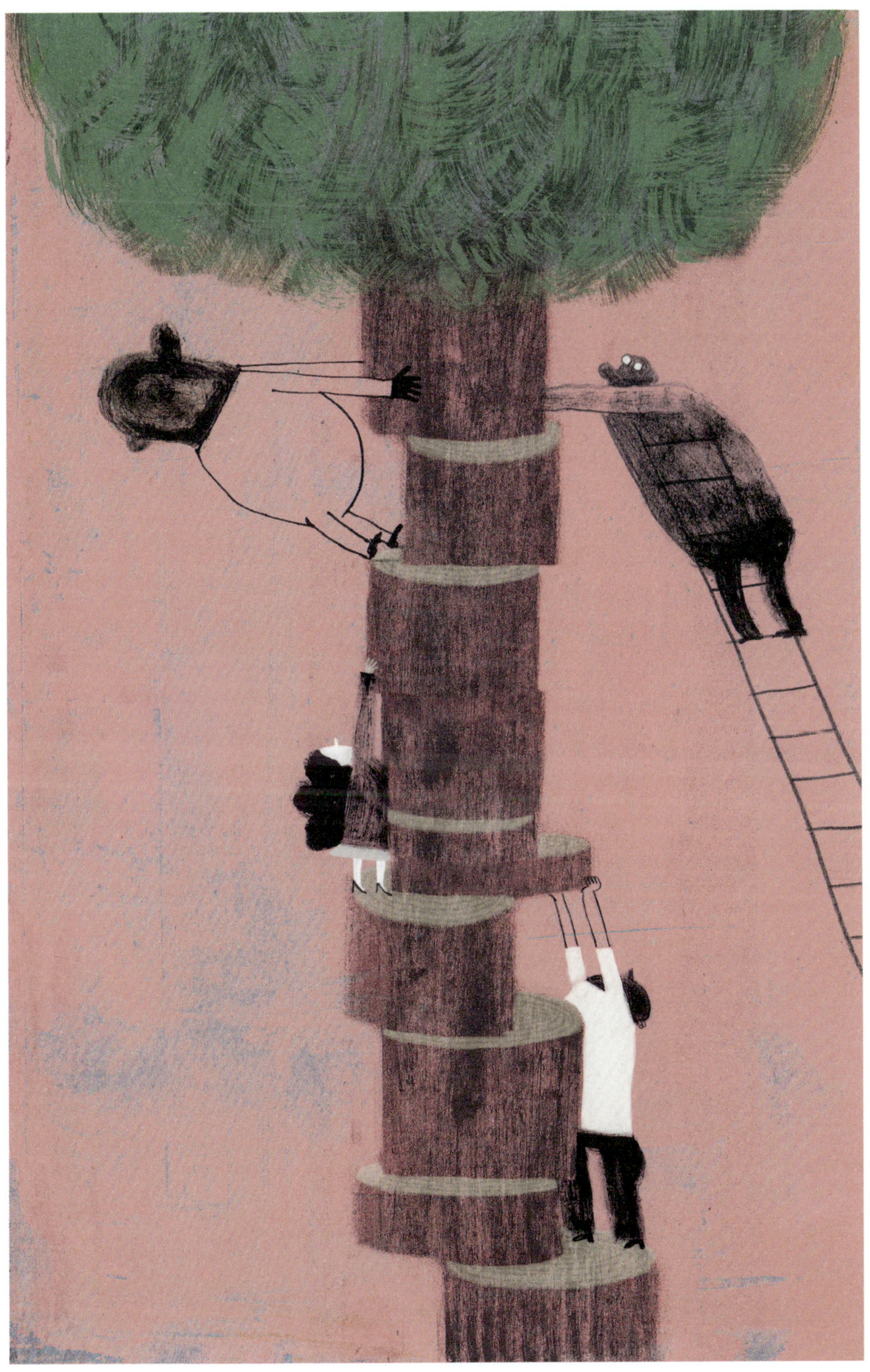

Daten visualisieren

Nicholas Blechman / Jennifer Daniel / Peter Grundy / Giorgia Lupi und Stefanie Posavec

Ironische Information
Was wahr ist und was nicht

Die Visualisierung von Daten, eine altehrwürdige Form der Illustration, die auch Informationsgrafik genannt wird, ist zu einem populär-effektiven Kommunikationswerkzeug komplexer Sachverhalte geworden. Früher wurde sie mehr zur Darstellung und zum Vergleich statistischer Fakten verwendet, heute nützt man sie mehr und mehr auch für humorvoll-ironische Darstellungen.

Nicholas Blechmans Drehscheibe, eine spielerische Variation des guten alten Tortendiagramms, ist ein gutes Mittel zur Veranschaulichung des »Zustands« der Vereinigten Staaten. Wenn der Pfeil in Bewegung gesetzt wird, zeigt er auf einen der hier skizzierten Zustände in Regierung und Gesellschaft und des Verhältnisses der beiden zueinander.

Der in New York ansässige Illustrator, der auch als Art Director für renommierte US-amerikanische Medien wie *The New York Times Book Review* und *The Times* arbeitete sowie derzeit als Creative Director bei *The New Yorker* tätig ist, verwendet in jedem Tortenstück »Uncle Sam« als eine personifizierte Allegorie der USA und visualisiert in diesem Zusammenhang zugleich die jeweiligen, teils ironischen Aussagen über das Land: »admired« (bewundert) wird mit einem Kuss und Herzen dargestellt, »playful« (spielerisch) zeigt Uncle Sam als Luftballon, »suspicious« (verdächtig) mit einer Kamera auf seinem typischen Hut. In der Summe ergibt das eine clever-ironische Darstellung dessen, wie die USA sich gern selbst sehen – und wie sie von anderen gesehen werden.

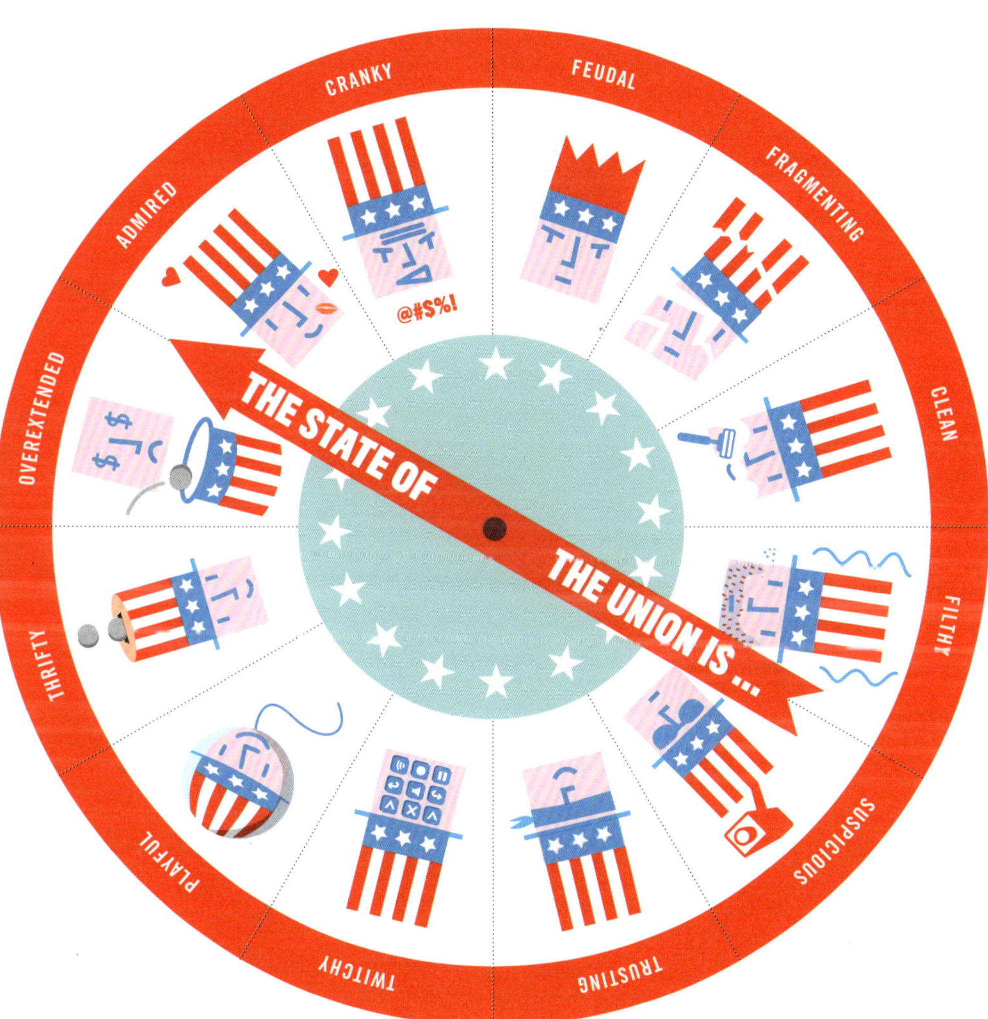

☒ Nicholas Blechman, 2009
»The State of the Union«
The Atlantic

OUR SOLAR SYSTEM

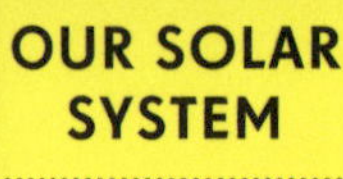

Our solar system contains...

1 star

Our sun is the star around which everything in the solar system orbits. The first man to prove this was the "father of modern astronomy", Italian astronomer Galileo Galilei, who was born in 1564.

8 planets

Spherical objects that orbit the sun and clear all other objects out of their path.

The four closest to the sun are made of rock

The four fruther from the sun are gas giants, with a core of ice and rock.

Earth

Venus

Mercury

Mars

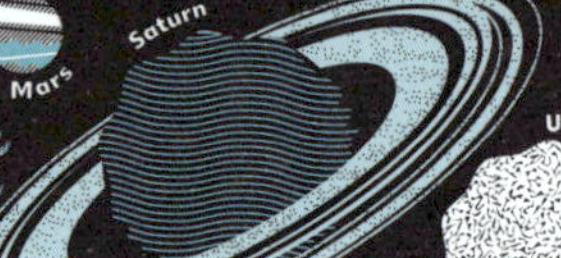

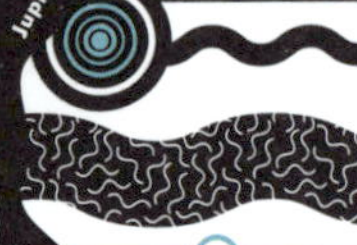

Uranus

Neptune

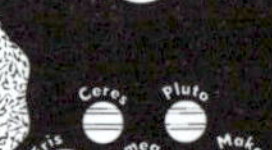

5 recognized dwarf planets

Spherical objects that circle the sun, and that share their orbit with other objects. Scientists think that there may be dozens or even hundreds of dwarf planets still to find in the solar system.

3,246 known comets

so-called 'dirty snowballs', these ice-coated objects are left over from the birth of our solar system and are thought to have brought water to Earth.

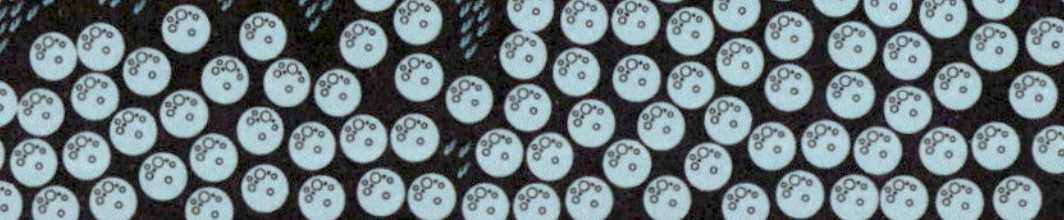

at least 173 moons

natural satellites that orbit a planet. While Earth has one, Jupiter and Saturn have more than 50 each! They come in many shapes, sizes and types, but are generally rocky and without an atmosphere.

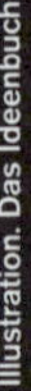
Illustration. Das Ideenbuch

Vereinfachte Komplexität
Altes Sonnensystem, neuer Blickwinkel

Was der Informationsguru Edward Tufte »das visuelle Schaufenster quantitativer Information« nennt (eine Umschreibung des Begriffs »Datenvisualisierung«), ist ein schon lange bekanntes Phänomen. Mit dem Aufkommen digitaler Medien kamen Infografiken vermehrt in Mode, denn die neuen Möglichkeiten der Datenübermittlung und die rasant zunehmenden Verbreitungsgeschwindigkeiten auch schwieriger Sachverhalte verlangten eine schnelle Umsetzung in visuell gut verständlich aufbereitete Informationen.

Die in Bonn geborene, in Düsseldorf lebende und arbeitende Illustratorin Jennifer Daniel fügt dem Datenvisualisierungs-Hype eine weitere Dimension hinzu. Sie hat das Talent, das Wirkliche noch anschaulicher zu machen und das Unwirkliche unglaublich komisch. Irgendwo dazwischen steckt ein tieferer Sinn von Witz und Spiel. Dieses Diagramm des Sonnensystems wurde für »Space« kreiert, ein infografisches Kinderbuch, das Fakten zu Themen wie Weltraum, Astronomie, Atmosphäre und vieles andere mehr veranschaulicht.

Kritiker bemängeln gern, dass übermäßig bebilderte datenerklärende Grafiken Information eher verschleiern als beleuchten. Daniel vermeidet diese mögliche Kritik durch die Verwendung von Farbe, verschiedenen Größen und anderen Designelementen, die in ihrem leichthändig-linearen Zeichenstil die Sachverhalte illustrieren. In »Unser Sonnensystem« arrangiert Daniel die Inhalte des Sonnensystems gemäß ihren Bereichen, statt die typische Karte zu zeigen, auf der die Planeten in einer Reihe immer weiter weg von der Sonne platziert sind. Die gelbe Sonne ist die größte Kugel, bekannte Kometen nehmen einigen Platz im Weltraum ein, und die Monde der Planeten sind zusammengepfercht wie eine Handvoll Murmeln. Die acht Planeten sind ihren Größen untereinander und den fünf anerkannten Zwergplaneten gegenüber entsprechend dargestellt.

Diese und andere Grafiken in dem auch auf Deutsch (»Der Weltraum: Sehen & Verstehen«, Knesebeck 2015) veröffentlichten Buch sprechen Erwachsene wie Kinder gleichermaßen an. Sie vermitteln die gewünschte Information auf ebenso sachlich-korrekte wie angenehm anschauliche Art und Weise.

⊠ Jennifer Daniel, 2015
»Our Solar System«
Space
Big Picture Press

Vielsagende Icons
Gewitzte Piktogramme

Um die uns umgebenden Datenmengen besser zugänglich zu machen, sind Illustratoren in der Pflicht, neue und aufregende Wege zu finden, wie sie Zuschauer und Leser für ihre Kreationen begeistern. Die Piktogramm-Kunst, ein Ableger des Logo- und Markenzeichendesigns, hat dabei stark an Bedeutung gewonnen. Piktogramme auf Bildschirmen, für Apps, als Wegweiser und vieles andere mehr sind immer dringender notwendig geworden, um Menschen durch die Informationsfluten zu ihren jeweiligen Zielen zu geleiten.

Der britische Veteran des infografischen Designs, Peter Grundy, verwendet eine Kombination aus »analytischem Denken und Information«, um das gewünschte Resultat zu erzielen. Jeden Monat produziert Grundy eine Infografik für das Magazin *Men's Health*, in der es um eine ganze Bandbreite gesundheitlicher Themen geht. Humor ist immer sein Ausgangspunkt, und jedes Bild illustriert als Ganzes ein einzelnes Thema unter Verwendung von unterschiedlichen Details zur Visualisierung besonderer Aspekte.

Diese Piktogramme sind typisch für den Vektorstil des heute praktizierten Präzisions-Grafikdesigns. Sie sind bunt, ansprechend und voller visueller Information, die voraussetzt, dass der Leser eine gewisse Zeit dafür aufwendet, ihre Bedeutung zu entziffern.

Grundys Piktogramme sind mehr als bloße Zeichen (oder Ausrufe) – sie erzählen eine ganze Geschichte auf winzigem Raum und erklären dabei einen Sachverhalt so einfallsreich wie individuell.

⊠ Peter Grundy, 2015
»Body Science«
Men's Health magazine
Art Director: Jessica Webb

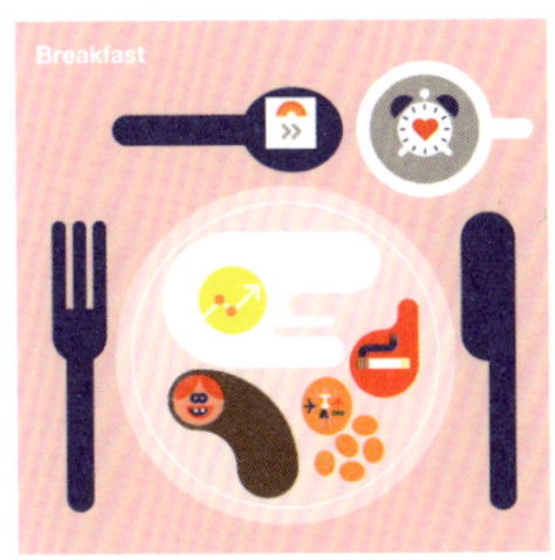
Breakfast

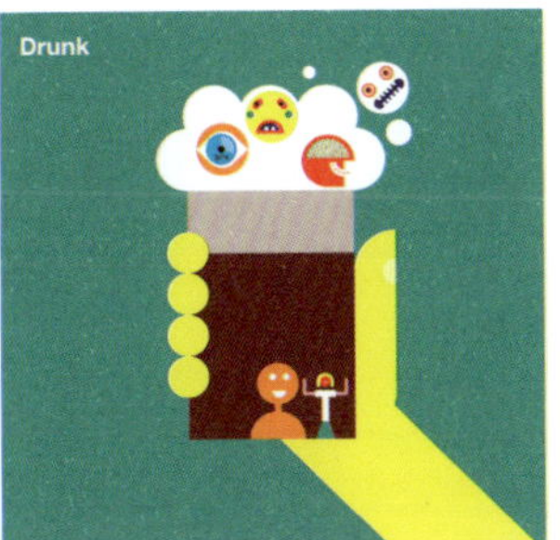
Drunk

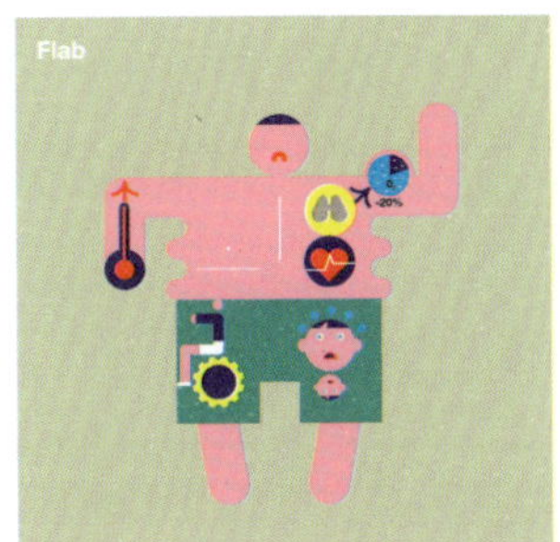
Flab

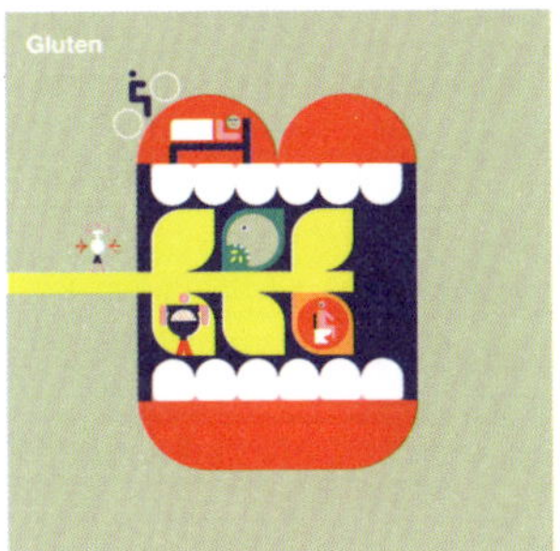
Gluten

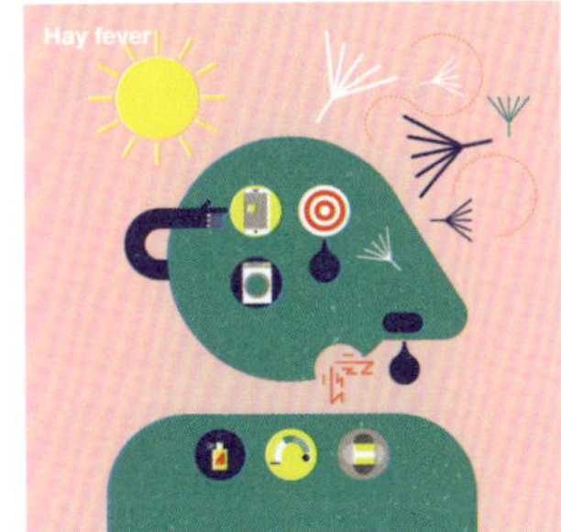
Hay fever

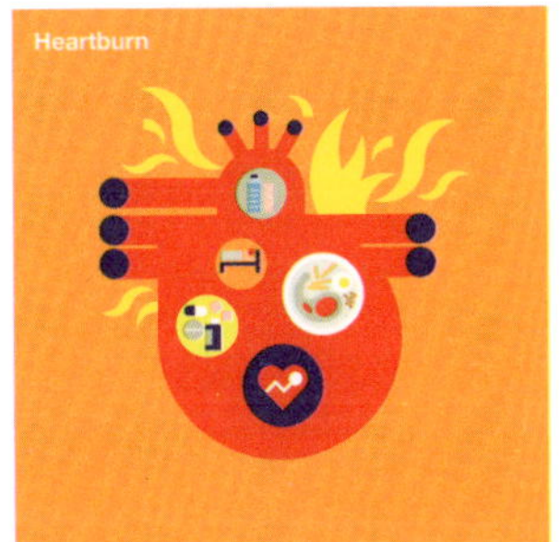
Heartburn

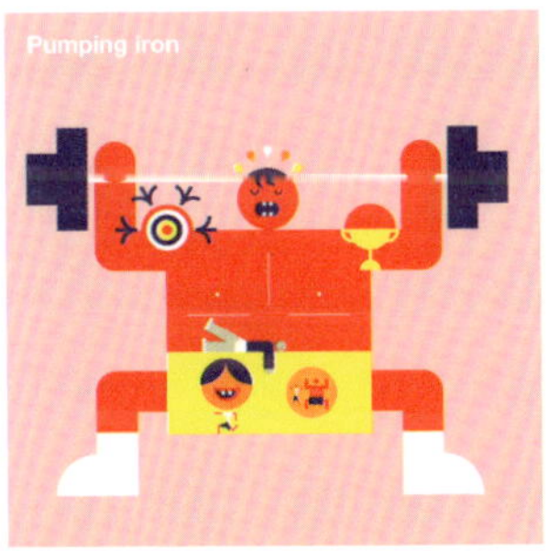
Pumping iron

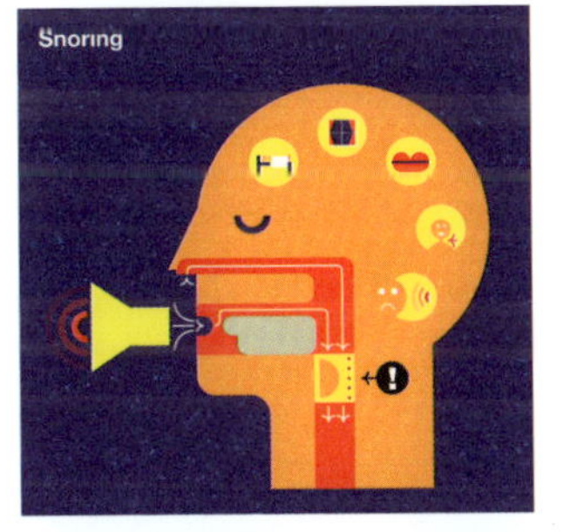
Snoring

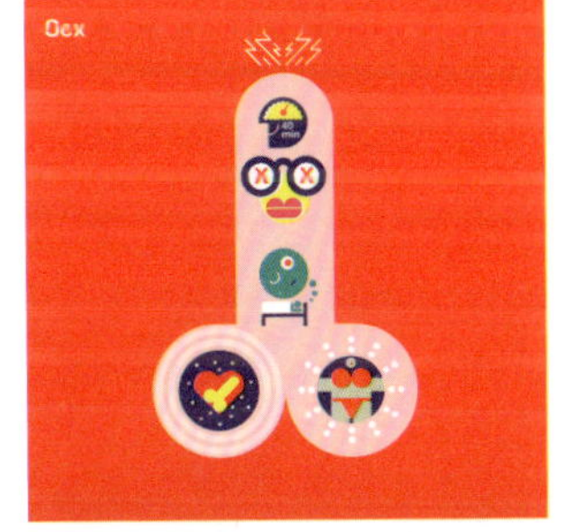
Sex

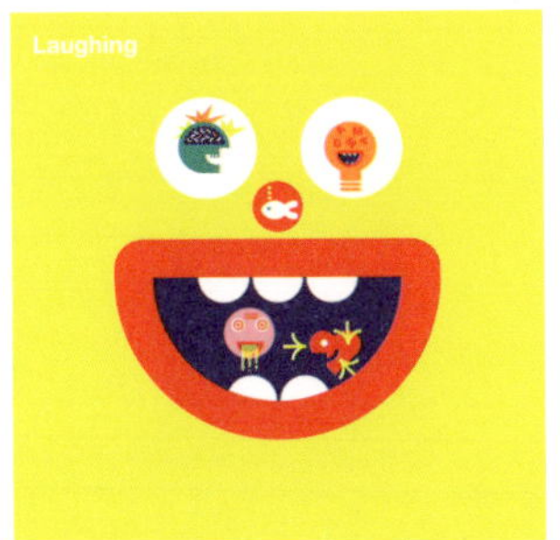
Laughing

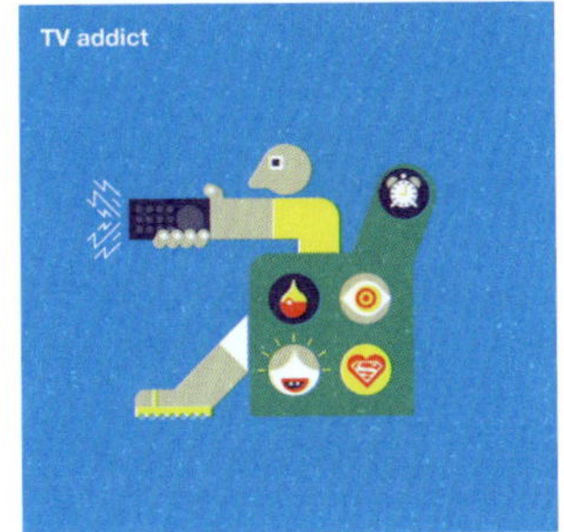
TV addict

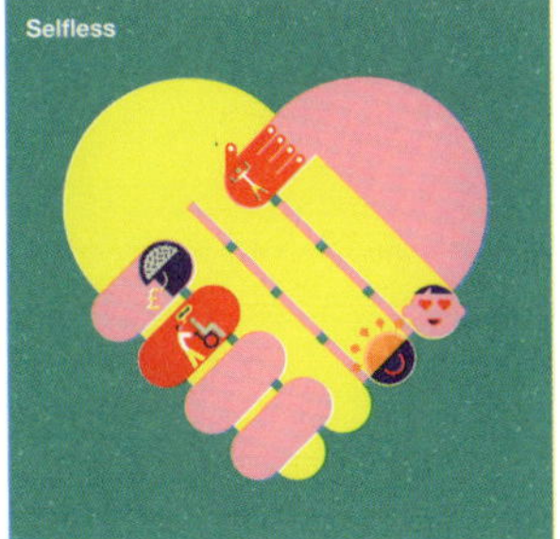
Selfless

Personalisierte Daten
Grafisch mit einem Freund sprechen

Tag für Tag werden wir vom Angebot der digitalen Medienwelt förmlich überschwemmt. Um einigermaßen damit umgehen zu können, sollte diese Datenflut nicht nur schnell erfassbar, sondern auch optisch ansprechend aufbereitet sein: ein Ziel, an dem viele Illustratoren und Datenanbieter gemeinsam arbeiten und dabei auch immer mal wieder in die verschiedensten Rollen, etwa von Forschern und Reportern, schlüpfen.

In ihrem Gemeinschaftsprojekt »Dear Data« enthüllen die in Brooklyn lebende und arbeitetende italienische Infografikerin Giorgia Lupi und ihre in London lebende US-amerikanische Kollegin Stefanie Posavec, wie sie einen Weg gefunden haben, über den Atlantik durch die grafische Sprache der Datenvisualisierung miteinander zu kommunizieren.

»Für Dear Data haben wir ein Jahr lang unsere persönlichen Daten verwendet, um uns jede Woche ein bisschen besser kennenzulernen«, erklärt Lupi. Dazu schrieben – nein, zeichneten – sie sich Postkarten mit ihren Eindrücken der jeweiligen Woche, mit Gefühlen und Gedanken, auch der Wahrnehmung von Geräuschen etc. als den »winzigen, unvollständigen, unvollkommenen, aber exquisit menschlichen Details des Lebens«, wie es im Vorwort des »Dear Data«-Projekts heißt. Auf die Vorderseite zeichneten sie eine Darstellung der in der jeweiligen Woche angesammelten Daten, auf die Rückseite »quetschten wir detaillierte Schlüssel zu unseren Zeichnungen«, sagt Posavec. Und weil sie dabei bewusst auf jede moderne digitale Technologie verzichteten, war jede Künstlerin gezwungen, für jede Woche eine andere visuelle Sprache zu erfinden, denn von Hand gezeichnete Daten führen zu unglaublich individuellen Designs.

Mit diesem Projekt sollte das Publikum darauf aufmerksam gemacht werden, von wie vielen Daten wir überall und zu jeder Tageszeit umgeben sind. Zugleich sollte damit Interesse und Engagement für die ernsten Themen geweckt werden, die mit der Nutzung (und dem notwendigen Schutz) solcher individueller Datenmengen verbunden sind. Und nicht zuletzt sollen die Betrachter auch ermutigt werden, ihren Alltag zu entschleunigen, um mehr auf die winzigen, scheinbar unbedeutenden Details des Lebens zu achten.

☒ Giorgia Lupi und
Stefanie Posavec, 2016
»Dear Data«
Penguin Random House /
Princeton Architectural Press

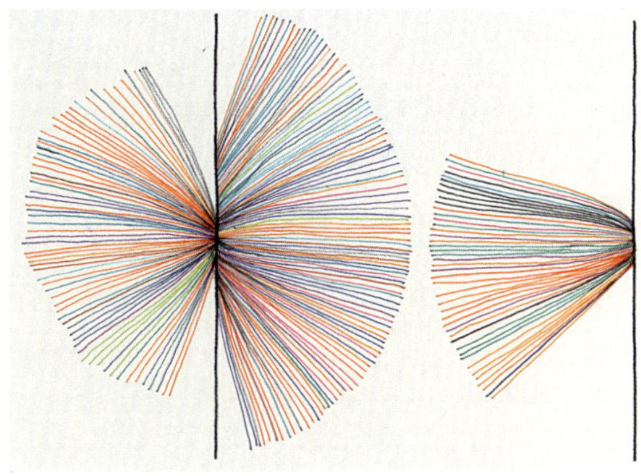

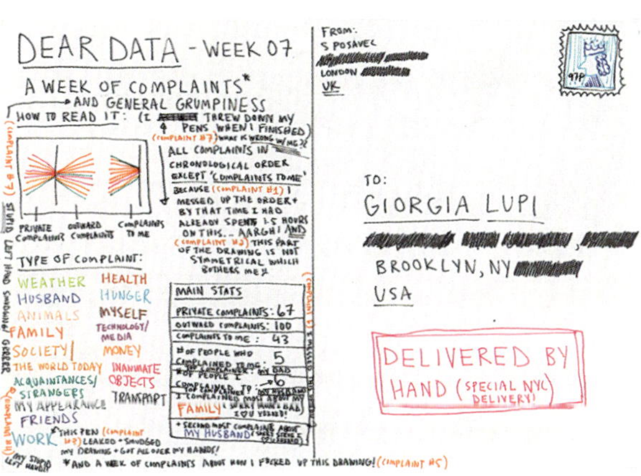

DEAR DATA - WEEK 07
A WEEK OF COMPLAINTS*
AND GENERAL GRUMPINESS
HOW TO READ IT:
PRIVATE COMPLAINTS
OUTWARD COMPLAINTS
COMPLAINTS TO ME
ALL COMPLAINTS IN CHRONOLOGICAL ORDER
TYPE OF COMPLAINT:
WEATHER
HEALTH
HUSBAND
HUNGER
ANIMALS
MYSELF
FAMILY
TECHNOLOGY/ MEDIA
SOCIETY
MONEY
THE WORLD TODAY
INANIMATE OBJECTS
ACQUAINTANCES/ STRANGERS
TRANSPORT
MY APPEARANCE
FRIENDS
WORK
MAIN STATS
PRIVATE COMPLAINTS: 67
OUTWARD COMPLAINTS: 100
COMPLAINTS TO ME: 43
FROM:
S POSAVEC
LONDON
UK
TO:
GIORGIA LUPI
BROOKLYN, NY
USA
DELIVERED BY HAND (SPECIAL NYC DELIVERY)

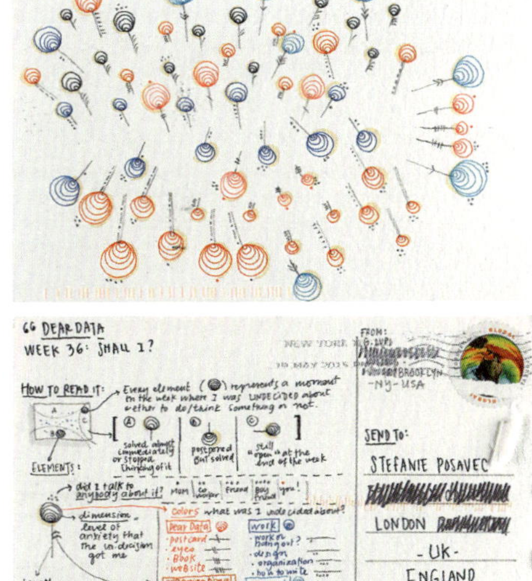

DEAR DATA
WEEK 36: SHALL I?
HOW TO READ IT:
ELEMENTS:
FROM:
SEND TO:
STEFANIE POSAVEC
LONDON
- UK -
ENGLAND

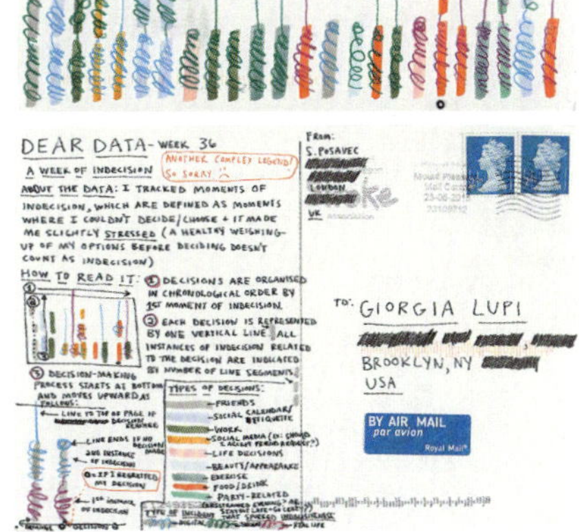

DEAR DATA - WEEK 36
A WEEK OF INDECISION
ABOUT THE DATA:
HOW TO READ IT:
TYPES OF DECISIONS:
FROM:
S. POSAVEC
TO: GIORGIA LUPI
BROOKLYN, NY
USA
BY AIR MAIL
par avion

Glossar

Abstraktion Kunst, die entweder konzeptionell oder nicht gegenständlich ist und dabei formale bildliche Wechselwirkungen betont.

Anthropomorphisch Tieren menschliche Eigenschaften verleihen.

Art Director Die Person, die für die Auftragsvergabe und/oder die Ausführung und Verwendung einer Illustration oder eines typografischen Werks verantwortlich ist.

Avantgarde Kunst oder Design, die ihrer Zeit ungewöhnlich weit voraus sind, sei es inhaltlich oder in ihrer Verarbeitung.

Branding (Markenbildung) Das Etablieren einer Identität oder Geschichte, um ein Produkt oder eine Idee zu definieren bzw. von Konkurrenten abzuheben.

Brief (Auftragsbeschreibung) Zusammenfassung eines Themas, das dem Illustrator überreicht wird, um zu erklären, welche Geschichte oder Idee bildlich dargestellt werden soll.

Clip art Bilder, meist ohne Copyright und gemeinfrei, die zur Verwendung für illustrative Zwecke zur Verfügung stehen, beispielsweise als Teil einer Collage.

Collage Kunst oder Design, das durch die Kombination verschiedener Materialien und Bildern entsteht.

Datenvisualisierung Darstellungsweise für Zahlen, Fakten, Statistiken und andere rechnerisch messbare Informationen; Infografik.

Gordischer Knoten Ein sehr kompliziertes, wenn nicht unlösbares Problem.

Gravieren Das Aufbringen eines Designs auf eine Metallplatte oder ein Stück Holz, um damit etwas zu bedrucken.

Hierarchie Die Anordnung der Elemente einer Zeichnung oder eines Designs gemäß ihrer Bedeutung.

Holzschnitt Ein Hochdruck-Verfahren, bei dem der Künstler ein Bild in die Oberfläche eines Holzstücks eingraviert – typischerweise mit dem Meißel –, wobei die zu druckenden Teile auf Höhe der Oberfläche sind und die nicht zu druckenden Teile (Negativfläche) entfernt werden.

Icon (Symbol) Ein Bild oder eine andere Darstellung als visuelles Kürzel.

Informationsgrafik Grafisch wiedergegebene Information, um die Daten auf einen Blick verständlich zu machen; Datenvisualisierung.

Jazz-Ära Eine Epoche in den 1920er- und 30er-Jahren, in der die Jazzmusik in den USA sehr populär waren; Kunst und Design wurden durch lineare Formen und dekorative Elemente charakterisiert.

Komposition Gesamtbild eines Kunstwerks.

Konzeptionelle Illustration Eine auf einer Idee basierende Illustration im Gegensatz zu einer auf einer Betrachtung basierenden.

Konstruktivismus Eine aus der Russischen Revolution 1917 entstandene Kunst- und Designbewegung, die die Idee als Kunst um ihrer selbst Willen ablehnte und stattdessen Kunst im Dienste eines sozialen Zweckes befürwortete. Heute bezeichnet es eine Retro-Annäherung an Design und Illustration.

Kurvendiagramm Exakte, nicht unterbrochene Auf- und Ab-Linien, die in der Datenvisualisierung verwendet werden, um anschaulich bestimmte statistische Daten vergleichen zu können.

Kurvenförmig Stilrichtung, die Kurven, Kreise und andere fließende Formen einsetzt.

Lettering Buchstabenzeichnen von Hand.

Magischer Realismus Eine Stilrichtung, bei der klarer Realismus mit fantastischen und surrealistischen Illustrationen kombiniert wird.

Medium Material, das zur Schaffung eines Kunstwerks verwendet wird.

Muster Ein (oft mehrfach) wiederholtes dekoratives Motiv oder Design.

Negativfläche Die Fläche um den eigentlichen Gegenstand eines Bildes herum.

Pasticcio Grafischer Stil, der ein anderes Werk, einen anderen Künstler oder eine andere Epoche imitiert.

Perspektive Zweidimensionale (ebene) bildliche Darstellung dreidimensionaler (räumlicher) Objekte mithilfe einer Zentralprojektion (Zentralperspektive) bzw. einer Parallelprojektion, um dem Betrachter ein möglichst anschauliches, naturgetreues Bild eines Gegenstandes zu vermitteln.

Perspektivisch zeichnen Darstellungsart, die ein Gefühl von räumlicher Tiefe vermittelt.

Prägen Das Aufbringen eines Designs auf eine Oberfläche, sodass es reliefartig hervorsteht.

Präzisionismus Eine Kunstrichtung, die durch eine präzise, simpel-klare Vorgehensweise charakterisiert wird.

Redaktionelle (editorische) Illustration Eine konzeptionelle Zeichnung, die einen Artikel, einen Essay, eine Geschichte oder einen Kommentar in einem Magazin oder einer Zeitung visualisieren, illustrieren, vielleicht auch optisch ergänzen soll.

Retro Eine Kunst oder ein Design, die Bezug auf vergangene Kunst- oder Stilrichtungen nehmen.

Schutzumschlag Lose Papierhülle, um den Titel eines gebundenen Buchs zu schützen.

Schriftart Das gesamte Alphabet in einer bestimmten Form, die vielfach einsetzbar ist.

Silhouette Umrisszeichnung/-darstellung. Etwas bzw. jemand wird als feste Form in einer einzigen Farbe, meist Schwarz, abgebildet, mit einem deutlich erkennbaren Rand.

Stanzen Herstellungsprozess, um aus Papier, Karton und anderen Materialien Formen herauszudrücken.

Stilisiert Kunst oder Design eine individuelle Note verleihen.

Trope Visuelles Bildelement, das nicht wörtlich, sondern in einem übertragenen Sinn gemeint ist (z.B. Glas = Wein, Trinken etc.)

Typographie Die Zusammensetzung oder das Design von Buchstabenformen in einer besonderen Anordnung.

Vektorgrafik Zweidimensionale Computergrafik aus Linien, Kreisen oder Vielecken zur Darstellung von Bildern.

Visuelle Sprache Ein Kommunikationssystem auf Basis bildlicher Elemente zur Übermittlung einer Bedeutung.

Volkskunst Ausdrucksstarke Kunstformen, die für gewisse Regionen oder Menschengruppen typisch sind, meist nicht formal gelernt, sondern traditionell überliefert.

Wiedererkennungswert Ein besonders einprägsames Kunst- oder Designelement.

Literaturhinweise

Deutsch

Florian Bayer, *Selbsthändig – Traumberuf Illustrator ...*, Stiebner, 2008.

C. Breidenich, H. N. Pohl, *Creating Innovation: Worte, Bilder, Werkzeuge*, Stiebner 2016.

K. Eissen, R. Steur, *Sketching – Zeichentechniken für Produktdesigner*, Stiebner, 2010.

– *Sketching: Basics*, Stiebner, 2012.

S. Heller, G. Anderson, *Grafikdesign. Das Ideenbuch*, Stiebner, 2016.

Sarah Hyndman, *Schrift zeichnen und Botschaften senden*, Stiebner, 2018.

ImagineFX, *Manga zeichnen: Schritt für Schritt zum eigenen Meisterwerk*, Stiebner 2012.

Kelly Klapstein, *Die Kunst des Brush Lettering*, Stiebner 2018.

Michel Lauricella, *Morpho: Anatomie für Künstler*, Stiebner, 2017.

Alan Male, *Illustration – Theorie und Zusammenhänge*, Stiebner, 2008.

Alexander Ott, *Darstellungstechnik und Design*, Stiebner, 2010.

Alan Pipes, *Zeichnen für Designer*, Stiebner, 2008.

Frank Plein, *Der eigene Strich*, Stiebner, 2015.

Elisabeth Poniz, *Copic Marker: Das große Buch für Manga und Illustration*, Stiebner 2017.

Felix Sockwell, Emily Potts, *Icons*, Stiebner 2018.

Abbey Sy, *Hand Lettering A–Z: Kreative Ideen für das Entwerfen und Zeichnen von Alphabeten*, Stiebner 2017.

Englisch

A Life in Illustration: The Most Famous Illustrators and Their Work, Gestalten, 2013.

Alavedra, Inma. *Character Design by 100 Illustrators*, Promopress, 2016.

Baines, Phil and Catherine Dixon. *Signs: Lettering in the Environment*, Laurence King Publishing, 2008.

Behind Illustrations 3, Index Book, 2015.

Benaroya, Ana. *Illustration Next: Contemporary Creative Collaboration*, Thames & Hudson, 2016.

Bergström, Bo. *Essentials of Visual Communication*, Laurence King Publishing, 2008.

Blitt, Barry. *Blitt.* Riverhead Books, 2017.

Chwast, Seymour. *Seymour: The Obsessive Images of Seymour Chwast.* Chronicle Books, 2009.

Cuneo, John. *Not Waving But Drawing.* Fantagraphics, 2017.

de Sève, Peter. *A Sketchy Past: The Art of Peter de Sève*, Editions Akileos, 2010.

Friedman, Drew. *Drew Friedman's Chosen People.* Fantagraphics, 2017.

Glaser, Milton. *Drawing is Thinking*, The Overlook Press, 2008.

– *Milton Glaser Posters: 427 Examples from 1965 to 2017*, Abrams Books, 2018.

Gorey, Edward. *Edward Gorey: His Book Cover Art and Design.* Pomegranate, 2015.

Hayes, Clay. *Gig Posters: Rock Show Art of the 21st Century*, Quirk Books, 2009.

Hyland, Angus. *The Picture Book: Contemporary Illustration*, Laurence King Publishing, 2010.

Heller, Steven and Marshall Arisman. *Marketing Illustration: New Venues, New Styles, New Methods*, Allworth Press, 2009.

Heller, Steven and Seymour Chwast. *Illustration: A Visual History*, Harry N. Abrams, 2008.

Heller, Steven and Mirko Ilić. *Handwritten: Expressive Lettering in the Digital Age*, Thames & Hudson, 2007.

Heller, Steven and Julius Wiedemann. *100 Illustrators*, Taschen, 2017.

Klanten, R. and H. Hellige. *Playful Type: Ephemeral Lettering and Illustrative Fonts*, Die Gestalten Verlag, 2008.

Meli, Domenico Bertoloni. *Visualizing Disease: The Art and History of Pathological Illustrations*, The University of Chicago Press, 2018.

Munari, Bruno. *Design as Art*, Penguin Classics, 2008.

Munday, Oliver. *Don't Sleep: The Urgent Messages of Oliver Munday*, Rizzoli, 2018.

Niemann, Christoph. *Sunday Sketching.* Abrams, 2016.

– *Abstract City,* Abrams, 2012.

Perry, Michael. *Over & Over: A Catalog of Hand-drawn Patterns*, Princeton Architectural Press, 2008.

Petrantoni, Lorenzo. *Timestory: The Illustrative Collages of Lorenzo Petrantoni*, Die Gestalten Verlag, 2013.

Rees, Darrel. *How to be an Illustrator* (2nd edn), Laurence King Publishing, 2014.

Salisbury, Martin. *100 Great Children's Picture-books.* Laurence King Publishing, 2015.

– *The Illustrated Dust Jacket 1920–1970,* Thames & Hudson, 2017.

Schonlau, Julia, ed. *1000 Portrait Illustrations: Contemporary Illustration from Pencil to Digital*, Quarry Books, 2012.

Thorgerson, Storm and Aubrey Powell. *For the Love of Vinyl: The Album Art of Hipgnosis*, PictureBox Inc., 2009.

Ware, Chris. *Monograph*, Rizzoli, 2017.

Wiedemann, Julius, ed. *Illustration Now! Portraits*, Taschen, 2011.

Wigan, Mark. *Thinking Visually for Illustrators* (2nd edn), Fairchild Books, 2014.

Zeegen, Lawrence and Caroline Roberts. *Fifty Years of Illustration*, Laurence King Publishing, 2014.

Register

Danksagungen & Bildnachweis

Wir wollen die Gelegenheit nutzen und uns bei Sophie Drysdale und Felicity Maunder, unseren Herausgebern bei Laurence King Publishing, für ihre Unterstützung dieser Buchreihe zu bedanken, bei Peter Kent für seine gewissenhafte Einholung von Rechten und Genehmigungen sowie bei Alex Coco für das Design.

Hut ab vor Brian E. Smith bei SVA Visual Arts Press für seine enthusiastische Recherche für diesen Band.

Unsere Wertschätzung gilt David Rhodes, dem Vorsitzenden, und Anthony Rodes, dem stellvertretenden Vorsitzenden der School of Visual Arts (SVA NYC) für ihre kontinuierliche Ermutigung.

Und natürlich wäre all das ohne die Kooperation sämtlicher Illustratoren nicht möglich gewesen. Vielen Dank.

Steven Heller und Gail Anderson

11 Courtesy Yuko Shimizu **12** © Andy Gilmore **15** © Jon Gray/gray318. *Infinite Jest* by David Foster Wallace, 20th anniversary edition. Little, Brown and Company 2016 **16** Courtesy Lorenzo Petrantoni **19** © Martha Rich. *Your Inner Critic is a Big Jerk* by Danielle Krysa. Chronicle Books 2016 **21** © Maurice Vellekoop **25** © Marion Deuchars. *Bob the Artist* by Marion Deuchars. Laurence King Publishing 2016 **26** © Marc Boutavant **29** *The Very Hungry Caterpillar* by Eric Carle. © 1969 & 1987 by Eric Carle. All rights reserved. Image used with permission. **30** © Nicoletta Ceccoli **33** © Shonagh Rae **34** © Serge Bloch **37** © Tribambuka (Anastasia Beltyukova) **39** © Anita Kunz **41** © David Plunkert **45** © Lotta Nieminen. *Walk This World* by Lotta Nieminen. Big Picture Press 2013 **47** 1978 Mark Alan Stamaty. Reprinted with permission **48** © Catalina Estrada **51** Courtesy Joost Swarte **52** © István Orosz **55** © Nora Krug. *Shadow Atlas* by Nora Krug. Strane Dizioni 2012 **57** © Eda Akaltun **61** © Milton Glaser **62** © Steve Brodner **65** © André Carrilho **67** Edel Rodriguez **68** Hanoch Piven **71** Courtesy Barry Blitt **72** © Spitting Image Workshop **77** Courtesy Brad Holland **78** © Gary Taxali 2017. All Rights Reserved **81** Courtesy John Cuneo **83** Gérard DuBois **84** © Tim O'Brien **87** Mirko Ilić **89** © Christoph Niemann **93** © Silja Goetz. *The Secret Life of Emily Dickinson: A Novel* by Jerome Charyn. W.W. Norton & Company 2011 **94** Courtesy Emily Forgot **97** © Ulla Puggaard **98** Noma Bar. www.dutchuncle.co.uk/noma-bar **101** Olimpia Zagnoli **102** © Lorenzo Gritti **105** © Emiliano Ponzi **107** © Image Copyright Marshall Arisman. *The Silence of the Lambs* by Thomas Harris. Subterranean Press 1991 **108** © Francesco Zorzi **110** © illustration by Klaas Verplancke / www.klaas.be **115** © Nicholas Blechman **117** © Jennifer Daniel. *Infographics: Space* by Jennifer Daniel. Big Picture Press 2015 **119** Peter Grundy **120** © Giorgia Lupi & Stefanie Posavec. *Dear Data* by Giorgia Lupi and Stefanie Posavec. Penguin Random House/Princeton Architectural Press 2016